タッド尾身

The アプローチ
スコアを20打縮める「残り50ヤード」からの技術

講談社＋α新書

はじめに
レジェンドたちも学んだストックトン・メソッド

19歳だった1994年に単身渡米、暗中模索でゴルフ修業をはじめるや、あっという間に時が過ぎて気がつけば14年。ゴルフを通じてさまざまな体験をしてきました。

アメリカではジュニアや大学生ゴルファーに世界最高級のサポート体制を敷いていますが、私も所属していたサンタバーバラ・シティ・カレッジのゴルフチームで、その多大な恩恵を受けたひとり。アメリカ人をはじめ、デンマーク人、スウェーデン人など国際色豊かなメンバー構成で毎週遠征試合に出ていましたが、プレーフィはプライベートコースでもほぼ無料。有名なコースでも5ドル程度でラウンドできました。遠征費もすべて無料ならボールやグローブといった消耗品も無料支給され、クラブ購入時にも特別割引が適用されました。そんな恵まれた環境でのびのびとプレーができたおかげで、カリフォルニア州のカレッジ選手権でチーム優勝（個人7位）することもできました。

とはいえ、アメリカの試合ではドライバーショットで50ヤードも置いていかれることが頻繁にありました。欧米人の圧倒的なパワーゴルフを目の当たりにし、パワーではとても敵(かな)わないことを悟った私は、アプローチ、バンカー、パターを徹底的に磨いてショートゲームで勝負することにしました。

それが奏功してカリフォルニア州で歴史あるアマチュアトーナメントで優勝し、2003年にプロに転向してからも同地のプロツアーで優勝。ツアープロとして活動しながら、人種も違えば国籍も多岐にわたる多くの人たちにゴルフを指導させていただきました。

そんな中、日本ゴルフ界のレジェンド、倉本昌弘プロを通じて出会ったのがロン・ストックトンでした。父はメジャーチャンピオンのデイブ・ストックトン。デイブはタイガー・ウッズやローリー・マキロイ、フィル・ミケルソンらを指導したこともあり、日本でもショートゲームの名手として知られています。一方、息子のロンは、かつて109週連続で世界女子ランキング1位に君臨した台湾のヤニ・ツェンやメジャーチャンピオンのモーガン・プレッセルらを指導し続けたキャリアの持ち主です。

彼らストックトン・ゴルフのメソッドは、私にとって目からウロコのことばかり。アプローチのテクニックにはそれなりに自信をもっていましたが、それをさらに強固なものにしてくれました。

本書では私がトーナメントで戦いつつ、自ら研究を重ねて実戦仕様にしたテクニックや、たくさんのゴルファーから得たもの、さらにストックトン・ゴルフで学んだことをミックス。日本に戻ってからはアメリカ大使館で4〜8歳の子どもたちの指導にあたるなど、これまでに延べ1万人を超える方々にショートゲームのレッスンを行ってきましたが、その経験から得た傾向やウィークポイントも加味し、日本人ゴルファーの武器になるようアレンジしたアプローチとバンカーのテクニックを紹介しています。

お伝えするアプローチ&バンカーテクニックの根源は、50年以上前から本場アメリカで受け継がれてきた王道。まさしく「The アプローチ」です。昨今はツアープロたちもYouTubeやSNSでさまざまなテクニックを披露していますが、彼らもこの王道を踏まえたうえで自分なりにアレンジしています。

アプローチで基本となるのはグリーン周りのキャリー20ヤード以内です。本書ではそこから徐々に距離を伸ばし、寄せ方（弾道）を変化させ、さまざまなミスの症状や状況に対処する、という順に展開していきます。バンカーショットについてもこの構成を踏襲しました。

ゴルフではショットが大事ですが、いかんせん水モノ。プロでもなかなか思い通りには打てません。その点ショートゲームは一度身につけば大ケガすることがなくなります。アプローチが安定し「とりあえずグリーン周りに運べればいい」と考えられるようになればリラックスしてショットが打てる。そうなると相乗効果でショットも良くなります。

若いころに比べて力が落ちてきた方にもショートゲームスキルを磨くのはおすすめです。パワー優位のドライバーショットより、繊細で緻密なアプローチ、バンカー、パターを追求することがスコアアップの近道になることは私の例からも明らかです。

私が主宰する欧米式アプローチ研究所ではビギナーが１００を切った例は数知れず、日米のレッスン活動で何年も１００を切れなかった生徒さんが、わずか6ヵ月で80台を出したり、平均スコア80の方がアンダーパーでラウンドするなど多くの成果を挙げてきました。

まずはみなさんも王道たる「Ｔｈｅ　アプローチ」への理解を深め、自分なりにアレンジしながらアプローチ＆バンカーに臨んでください。苦手だったことがいつの間にか得意になり、そのころには勝手にスコアもアップしていることでしょう。

The アプローチ
スコアを20打縮める「残り50ヤード」からの技術　目次

PART 1

アプローチの正解
～日本で散見するアプローチの勘違い～ ……… 23

PART 2

アプローチの基本をマスター
～グリーン周りの平らなライから寄せる～ ……… 49

PART 3

PART 4

PART 5

PART 6

ラウンドで困ったときの対処法
～実戦で役立つアプローチテクニック～

PART 7

バンカーショットの基本 ～グリーン周りのガードバンカーからのショット～

PART 8

PART 9

PART 1

アプローチの正解

~日本で散見するアプローチの勘違い~

欧米のアプローチと日本のアプローチ

アプローチで求められるのは〝ナイスタッチ〟

日本ではアプローチとショットを関連づけ、ショットの流れでアプローチを考えますが、アメリカのゴルフではショットとアプローチはまったく別物で、とりわけグリーン周りのアプローチはパッティングに近いと考えます。

というのも、パッティングではショットのように積極的に体を使わないから。パターを腕で振るのに伴い体幹が使われる程度で、下半身を使う意識や体重移動は必要ありません。アプローチもこの要領で行ったほうが距離感も出やすく簡単です。アプローチで求められるのはナイスショットではなく**ナイスタッチ**というわけです。

私は日本でもこの考えをもとにレッスンをしていますが、あるときお客さんに「アプローチはパットに近い、という表現は良くないのでは?」と指摘を受けました。理由を聞くと「パットと同じだと横から払い打ってしまう」とのことでした。

詳細は後述しますが、アプローチはちょっと上から打ち込まなければいけません。ですから、お客さんのおっしゃることはもっともです。ただ、一方でヘッドが上から入りすぎる人には「横から払う」のイメージが有効だったりもします。つくづく人に伝えることの難しさを感じましたが、それはさておき、みなさんの中にも、そのお客さんのように考える方がおられると思うので、誤解のないよう事前に説明しておきましょう。

短いアプローチのイメージで100ヤード以内が覚醒したタイガー・ウッズ

こんなエピソードがあります。プロに転向してからマスターズを初制覇する前後までのタイガー・ウッズは、グリーン周りはめちゃくちゃうまかったものの、40〜100ヤードくらいの距離が苦手でした。ヘッドスピードが速すぎるために距離が合わず、合わせにいくと過度にスピンがかかってボールが戻りすぎていたのです。

どうにかならないかと、私も学んだデイブ・ストックトンに教えを乞うたのですが、そこでデイブはタイガーにこうアドバイスしました。

「タイガー、簡単だよ。君の場合、その距離もスイングとは切り離して短いアプローチの延長で打ったほうがいい。体重移動や体は使わなくていいから手の繊細な感覚を使えばいいよ」

そもそもタイガーはものすごい速さで体を回転させ、体重移動しながら行うフルスイングをスケールダウンするイメージでその距離を打っていました。距離が合わないのはそれが原因だったのです。アドバイスに従ったタイガーはスピンを自在にコントロールするようになり距離が合うようになりました。

アプローチ巧者はパッティングラインを読んでからアプローチに臨む

繰り返しますが、アプローチがパットに近い第一の理由は、ショットのように能動的に体を回転させたり、体重移動を入れたりしないからです。さらにいうと、左右対称の振り子運動のスイングで打ち、振り幅で距離感を調整するからでもあります。

アプローチを打つ際のイメージの出し方もパットと同じです。

ロングパットでもミドルパットでも、打つ前には「これくらいのスピードで転がり、あそこから曲がって、減速して入る……」といったようにイメージします。アプローチも同じで、20ヤード先のピンに寄せるとしたら「10ヤード先は平ら。そこにキャリーで運んだらどれくらいバウンドして最後の3ヤードをどれくらいのスピードで転がるか」などとイメージします。

「え、そんなことするの？」と思った人がいるかもしれませんが、プロやアプローチ巧者は必ずこうしています。

その証拠にプロは打つ前にボールの落とし所をチェックし、パッティングラインを見ます。アプローチが寄るのはもちろん、多少距離を残してもそのあとのパットが高い確率で入るのは、アプローチの時点でイメージ出しをしているから。そこでライン読みが誤っていたら修正し、合っていればそのままのイメージでパットに臨めばいい。アプローチ後のパットでタッチとラインがつかめていないプロはいないのです。

アプローチがうまくいかないアマチュアの方ほど、こういった手はずを整えていません。ボールの飛び方をイメージしていない方さえいます。慣れないうちは面倒かもしれないし、プレーの進行を考えるとやりづらいという方もいるでしょう。でも、グリーン上でやることを一足早く行うだけですから手間は同じです。たとえそれが直接的に一打を減らすことにはならなくても、積み重ねることで間違いなくスコアは減っていきます。

日本のアマチュアゴルファーが犯している勘違い

アプローチもテコの原理を意識する

日本ではアマチュアゴルファーに向け、アプローチもショットの延長で、〝ボディターン主体で打つ〟と教えることが多いようですが、欧米ではそれはありません。簡単にいうと、〝手と腕も積極的に使う〟と教えられます。日本ではもっぱらネガティブワードとされる〝手打ち〟も推奨されます。もちろん結果的にボディはターンしますが副産物にすぎないというわけです。

詳細はＰＡＲＴ２以降で徐々に説明していきますが、手と腕で打つとは、ある程度テコの原理を使ってクラブを操作することを意味しています。

たとえば、右手を支点、左手を力点としましょう。アドレスの体勢で力点である左手を下に押し込んで手首を縦（親指方向）に折ると、作用点であるクラブヘッドがスッと上がります。テコの原理を使えば重いヘッドも難なく上がる。同時に両腕を右に振ればテークバック、右肘を緩めるとバックスイングになります。アプローチはこれさえできれば対応できるジャンルで、それが欧米で腕と手で打つといわれる所以(ゆえん)です。

ついでにいえば、腕を伸ばしつつ縦に

グリップを緩く握りテコの原理を使って打つことによりアプローチの幅は大きく広がり、より実戦的なものになる

折った手首を解放して元に戻すと、クラブヘッドも上がったところからアドレスの位置に戻ってボールに当たります。重力に従って落下するヘッドはエネルギーを帯びていますから余計な力を加えなくてもボールは飛びます。フォローサイドでもテコの原理を使ってヘッドを上げればヘッドスピードはさらに上がります。

力加減は3割以下。ゆるゆるグリップで握る

前置きが長くなりましたが、アプローチでもショットやバンカーショットのようにテコの原理を使って打つのが最もシンプルかつ確実です。ただし、利用するには絶対に欠かせない条件があります。それは、手首が親指方向に折れるようにしておくこと。いいかえればグリップをギュッと握らないことです。

ボディターンで打とうとする方の中にはグリップをキツく握り、クラブと腕でできる角度を固定し、腕さえも曲げずに体を回すだけの人がいますが、これではテコの原理は使えません。打てるかもしれませんがフェアウェイのような平らな場所でしか打てません。

私の場合、グリップは全力の3割以上の強さでは握りません。それ以上強く握るとクラブヘッドが動いてくれないからです。日本でいうところの〝ゆるゆるグリップ〟ですが、ゆる

日本のアマチュアゴルファーはアプローチの基本で勘違いをしていることがある。それに気づいて修正を施せばアプローチはやさしくなる

ゆる感は人それぞれなので一概にはいえません。ただ、私が知る限り6割以上の強さで握っているプロは限られていて、平均するとやはり3割くらいだと思います。ちなみに、これはショットでも同じです。

グリップをゆるゆるで握ると肩から力が抜け、腕がダランとして振りやすくなります。脇も締まってクラブを操作するのに最適なセットアップになるのです。

アマチュアゴルファーはスタンス幅が広すぎる

日本のアマチュアゴルファーの多くは、アプローチの基本においてもいくつかの勘違いをしています。

構え方、打ち方ともにありますが、まず構え方からいうと、グリーン周りから打つ場合にスタンス幅が広すぎる人が多いようです。

スタンス幅を広くとった場合、体を回転させないとクラブが振りづらくなります。動かないほうが窮屈に感じるので体を使いたくなるのです。

最初にいっておきますが、グリーン周りの短いアプローチでは、体の回転を意識する必要はありません。

日本ではもっぱら体の回転で打てといわれますが、これはプロレベルでないとできないこと。プロの場合、ショットからアプローチまで動きをなるべく統一したいのでアプローチも回転で打つイメージをもちたがるのですが、そもそもアマチュアの方は正しい体の回転でショットできていません。それなのに体の回転を使おうとするからクラブがコントロールできない。これはアプローチが安定しない大きな原因になっています。

スタンス幅が狭いと体が回りやすくなるので無理に体を使おうと思わなくても打てます。私のスタンス幅はだいたいボール１個分程度です。

アドレスではちょっとハンドファーストで構えたい

ハンドファースト（グリップ位置がボールより打ち出す方向に向けて前に出ている状態）で構えることも重要です。

アマチュアの方がハンドファーストの構えから打つと、ヘッドが地面に突き刺さりそうで怖いといわれますが、横から払い打ちになる、あるいは下からすくい打つ傾向の人は突き刺すくらいのつもりでもいいと思います。

横から払い打つ人は、おおむねアドレスでボールの真上に手があります。これでボールを

ショット同様、アプローチも打ち込んだほうがボールが上がりやすく、スピンがかかって止まりやすくなる。払う打ち方もあるが打ち込むスタイルが「The アプローチ」だ

横から払うイメージがあると、ダウンスイングからインパクトでヘッドが手元を追い越します。このときの手首の動き方をフリップと呼びますが、フリップが入ると払い打ちはほぼすくい打つスタイルになります。上から打ち込めないのはいわずもがな、ダフりやトップの温床にもなるのです。

そのためちょっとハンドファーストで構えたいのですが、キモは「アドレス＝インパクト」のイメージをもつこと。アドレスで事前にインパクトの形を作り、それに戻すようにスイングするわけです。腕とクラブ以外は終始インパクトの形をキープしたまま打ってもいいでしょう。

打ち込むアプローチが「The アプローチ」

打ち方で私が一番感じるところもまさにそれで、ボールを横から払うように打っているアマチュアゴルファーがとても多い。

ショットもそうですが、アプローチもある程度上から打ち込んだほうがボールは上がるし、スピンもかかって寄せやすいといえます。

ショット以上にさまざまな状況から打つのがアプローチですから、打ち方の選択肢はいろいろ。実際、プロは状況によって払い打ったり、普段以上に打ち込んだりしています。しかし、私が見る限りアマチュアの方は横からの払い打ち一辺倒。クラブのリーディングエッジをボールの下にきれいに入れてフェースに乗せようとする人が大多数です。

これはプロのアプローチとのインパクト音の違いにも表れます。練習場のマットの上でアプローチすると、プロはリーディングエッジがボールに直接当たって「カツッ」と音がしたあと低い音がしますが、アマチュアの方はマットに当たる「ドン」という音か、ボールに当たる音のどちらかしか聞こえません。

ボールをきれいに拾う打ち方もありますが、「Ｔｈｅ　アプローチ」は打ち込むスタイル。ヘッドの最下点が自分から見てボールの左下あたりにくるようにヒットすることです。ハーフスイングくらいになると、誰もがちょっと打ち込む感じになると思いますが、アプローチでもそうすることでボールの飛び方や距離感が安定するだけでなく、いろいろなライ（ボールが置かれた場所の状態）にも対応できるようになります。

肩のラインはスクエア、スタンスはオープン

目標に向かって打つイメージを出し、かつ打ちやすくするために、私はオープンスタンス

のアドレスを推奨しています。

ショットではもっぱらターゲットに対してスクエアに構えて打ちますが、これはパワーを生み出すためのセットアップ。バックスイングで体を捻ってエネルギーをため、インパクトで一気に放出するためです。それでもショットのインパクトではいくぶん体が開いておへソがやや左を向きます。

ショットに比べるとアプローチでは体を捻らなくていいですし、下半身を使って大きなエネルギーを出す必要もありません。前述したように体の回転を使うわけでもないのでスタンスはスクエアでなくていい。はじめからオープンスタンスにしてインパクトの形を作っておくほうが効率的なのです。やってみると、スクエアよりオープンスタンスのほうがはるかに振り抜きやすいことがわかると思います。

上半身がターゲット方向を向くとカット打ちになる

スクエアにするもう一つの理由は、できるだけターゲットに正対したいからです。

ターゲットに向かって何かを投げるときに、わざわざ横を向いて投げる人はいません。体の正面をターゲット方向に向けたほうが正確に投げられるからです。

体全体が左を向けばターゲットは見やすいが、肩のラインをスクエアにしておかないとボールとターゲットを結んだターゲットラインに対してヘッドが外から入ることになる。そのため下半身はオープン、肩のラインはスクエアがアドレスの基本となる

アプローチでもそうで、本当は目標を向きたいところですが、クラブでボールを打つ都合上横向きにならざるをえません。

ならばちょっとでもターゲットを見やすい、あるいは動きやすいように立ちたい。その結果がオープンスタンスで、限られた条件下でターゲットが見やすく、構えやすく、振りやすいと三拍子揃ったスタイルなのです。

ただ、気をつけるべき点が一つあります。上半身をターゲット方向に向けないことです。上半身ごと左を向けばターゲットはさらに見やすくなりますが、上半身、具体的には肩のラインはスクエアにしておかないと、ボールとターゲットを結んだターゲットラインに対してヘッドが外から入ってきます。いわゆるカット打ちになってスクエアにインパクトできないのです。

要はターゲットを見やすく振り抜きやすいのがオープンスタンスということ。読者の中にもオープンスタンスでアプローチしている方は多いと思いますが、オープンは下半身のみ。上半身＝肩のラインはスクエアにしておきましょう。

イマジネーションとビジュアライゼーション

ライで打ち方が決まり、打ち方で弾道が決まる

アプローチを打つ前には踏まなければならない手順があります。どんな状況から打つケースでも必ずやることなので、レッスンをはじめる前にまとめて紹介しておきます。

ショットではボールを打つ前には必ずライをチェックします。ライによって打ち方が、打ち方で弾道イメージが変わるからです。

アプローチではライの確認がとりわけ重要です。たとえば、フェアウェイでもボールが沈んでいたらロフト角（クラブを垂直に立てたときにできる、クラブの中心線とクラブフェースがつくる角度）の多いウエッジは使いづらいですが、沈んでいるように見えてもボールと地面の間に空間があればロフト角のあるウエッジが使える、というように微妙なライの違いによって寄せ方が大きく変わるからです。ライの確認なしでは何もできないといっていいでしょう。

ボールのランディングスポットを見に行く

ライを確認して打ち方が決まったら、どんな弾道でアプローチするかを考えます。イマジネーションをフル稼働させ、ボールを打ち出して上がったところから、落下地点を経てピンに向かって転がっていくまでの映像を頭の中に描きましょう。

これができたらイメージしたボールの落とし所（ランディングスポット）を見に行きます。実際に足を運び、ランディングスポットに凸凹や傾斜がないか、あるいは地面の硬さはどうかなどをチェックします。こうすることで、うまく打てたものの、寄せたい方向と逆にキックしてピンから遠ざかった、といったアクシデントを未然に防げます。

ツアープレーヤーともなると、ライさえよければ状況によってランディングスポットを変えます。グリーンにランディングさせる場合は、できるだけ平らなところを選び、さらにそこがピンに近ければランの出ない高いボールを打って寄せる。

逆にグリーンエッジの先だけが平らで、その先に下り傾斜があればキャリーを少なくして転がす、といったようにです。イマジネーションをビジュアライゼーションに変換することで、より実現性が高まりアプローチの精度がアップするというわけです。

打つときはランディングスポットにフォーカス

ランディングスポットが決まったら、そこから先のボールの転がり方を読みますが、基本的にはいつもパットを打つ前にやっていること、すなわちライン（傾斜）を読めばＯＫです。

打つときには最終的にランディングスポットにフォーカスします。そこにどれくらいの強さ、どれくらいの高さで落とすかを考え、すべてのイメージがマッチしてからスイングを始動するのが理想です。まとめると以下のようになります。

① ボールのライを確認
② 寄せ方（弾道）をイメージ
③ 打ち方を選択
④ ランディングスポットを確認
⑤ ラインを読む
⑥ ランディングスポットにフォーカスして打つ

私がアメリカでプレーしていた時代にデイブ・ストックトンのスクールで学んだときにも

「パッティングのときのようにちゃんとラインを見ているか？　何となく打ってないか？」とコーチが口を酸っぱくしていました。

みなさんが毎回これらのメニューを完璧に消化するのは難しいかもしれませんが、習慣づけしないと身につかないので、この順番に従ってできるところまで行うよう努力してください。くれぐれもライのチェックを怠ったり、ピンまでの距離だけでクラブを選ばないように。

②寄せ方（弾道）をイメージ

①ボールのライを確認

④ランディングスポットを確認

③打ち方を選択

⑥ランディングスポットにフォーカスして打つ

⑤ラインを読む

目標はピンまで50ヤード以内から2〜3打で上がる

54〜58度のウエッジでアプローチする距離

何をもってアプローチとするのかを定義するのは難しいところですが、私は距離にして50ヤードを基本にレッスンをしていますので、本書もピンまで50ヤード以内の距離から2〜3打で上がれるアプローチ技術の獲得を目標に展開していきたいと思います。

とはいうものの、スイングと飛距離の関係は人によって、あるいは使用クラブによっても変わるので、距離については一応の目安と考えてください。自分の中でアプローチの範疇(はんちゅう)に入ると思えば40ヤードでも60ヤードでも構いません。

ちなみにプロの世界では100ヤード以内を日本でいうところのアプローチとします。なぜかというとSW（サンドウエッジ）のフルショットがだいたい100ヤードだから。プレーヤーによってロフト角は違っても、基本的に100ヤード以内はSWとパターしか使いません。プロが「100ヤード以内が勝負」というのは、いかにその2本を使いこなせるか、という意味でもあるのです。

飛距離とはキャリーの距離を指す

アマチュアゴルファーの場合、１００ヤードからはＰＷ（ピッチングウエッジ）を使う人が多いので、ロフト角にして54～58度のウエッジでアプローチする距離となると50ヤードあたりが妥当なラインになります。

また、これも勘違いしないでいただきたい点ですが、アプローチのみならずゴルフでいう飛距離とはキャリーの距離を指します。なぜなら、ランの出方は地面の状況次第で変わるから。上り傾斜にキャリーすればランは控えめになり、下り傾斜ならどれだけランが出るかわかりません。同様に地面の硬さや芝の長さでもランの距離は変わります。

ということで、目安となる50ヤードもキャリーの距離なので、仮に50ヤード打ったとしたら、ランを含めたトータル距離は60ヤード前後になります。いずれにしても、ピンから50ヤード以内のアプローチで、決めた距離にキャリーでボールを落とせるようになることが本書のミッションです。

自信をもって打てるクラブを1本作る

特別な状況を除けばプロは使い慣れた1本に頼る

アプローチの習得にはウエッジを１本選び、それで基本を覚え込むのがおすすめです。はじめからいろいろなクラブを使うと、距離感を合わせるのに時間がかかります。なにより自信をもって使える１本を作ることが先決。アメリカＰＧＡツアーでは限りなく１００パーセントに近いプレーヤーが、特別な状況以外は使い慣れた１本に頼ります。特に50ヤード以内は１本のクラブで構え方や打ち方を調整して距離や球筋を打ち分けたほうが再現性が高まります。

使うクラブはお好みでいいですが、クラブのロフト角でいうと54～58度あたりが妥当。理由は以下のとおりです。

アプローチで一番よく使う寄せ方にピッチ＆ランという方法があります。打ったボールが地面に落下するまでの距離（キャリー）と、落下後に転がる距離（ラン）が、ほぼ１：１になる最もシンプルかつイメージしやすい方法で、たとえば平らなグリーンエッジからピンまで20ヤードなら10ヤードがキャリー、10ヤードがランという具合になります。

54〜58度ならキャリーが高すぎず低すぎない

ピッチ&ランは基本中の基本ですが、打球が強く低く飛び出すとキャリーとランが1：1になりません。たとえば52度のウエッジの場合、ちょっと強く当たると1：3〜1：4になってランが出すぎてしまう。逆に60度ではランが極端に少なくなってしまいます。その点、54〜58度ならキャリーでボールが上がりすぎず低すぎることもない。ミスして高めになってもある程度ランが出ますし、やや薄めに当たっても1：1・5くらいで止まってくれます。

グリーンが硬くて速いプロツアーでは56〜58度を使うプレーヤーが多いですが、普段アマチュアの方がプレーするグリーンは柔らかく遅いので54〜58度でいいと思います。

ただ、ラウンドではボールを高く上げたり、転がすことしかできない状況もあるので対応する方法はピッチ&ランと並行して学んでいかねばなりません。慣れれば54〜58度で賄えますが、はじめはなるべくシンプルに覚えて即戦力にしたいので、ボールを上げるならロフトが多めのウエッジ、転がすならPWや9番アイアンを使います。

ロングビーチマッチプレー選手権で優勝！

ロングビーチマッチプレー選手権は90年以上にわたって続くカリフォルニア州でもっとも権威のあるアマチュアトーナメントの一つ。USGA(全米ゴルフ協会)のハンディ5以下のプレーヤー250人が予選に出場し、上位64人がマッチプレーで行われる決勝ラウンドに進出します。その試合で決勝ラウンドに進んだ私は飛ばし屋を次々に撃退、ついに1日36ホールで行われる決勝戦に駒を進めました。

相手は大会一番の飛ばし屋。私のドライバーショットはユーティリティで簡単にオーバードライブされましたが、パワーゴルフに対してショートゲームで何とか食らいつき、前半の18ホールはオールスクエア。後半になると100ヤード以内のどこからでも寄せワンを拾う私についに相手がしびれを切らしてドライバーが曲がりはじめました。最終的に4ホールを残して5&4の圧勝。盤石のアプローチ、バンカー、パターで勝ち取った勝利でした。

Robby Gordon wins Winston Cup event
AUTO RACING B4

McKelvy qualifies for worlds in hu
TRACK AND FIELD B6

SPORTS

MAJOR LEAGUE BASEBALL

Match play crown leaves town

Golf: With locals out, Torrance man wins the L.B. title.

Lewis' age sh fight vs. Klits

Boxing: Champion looks vulnerable nearing retirement.

ATTENTION READERS: Don't miss the Press-Telegram's Independence Day Block S

「ロングビーチプレス テレグラム」2003年6月23日付

PART
2

アプローチの基本をマスター

～グリーン周りの平らなライから寄せる～

グリーン周りの平らなライからのアプローチ

打つ前のセットアップで成否の7割が決まる

ここではグリーン周りの平らな花道、もしくはボールが沈んでいない短いラフなど、良好なライからのアプローチについて解説します。キャリーは最大20ヤード。状況的にも距離的にも技術的にも、アプローチにおける基本中の基本になります。

最も大事なのは打つ前のセットアップで、これさえ完璧にできれば7割方は成功といってもいいくらいです。

セットアップの中でも特に重要なのがオープンスタンスで構えること。何に対してオープンかといえば、ボールとターゲットを結んだターゲットラインに対してです。

ただし、すべてのアプローチは最終的にボールがグリーン上を転がるのでライン（傾斜）の影響を受けます。そのためピンを狙って打つケースは少なく、ターゲットラインはピンの左右を向くことが多くなります。もちろん、寄せる目的でピンを狙うのはあり。その場合はピンとボールを結んだラインに対してオープンスタンスにします。

右足も左に向けるとダフりやトップが減る

オープンの度合いやスタンスの取り方などの詳細はこのあと説明しますが、ポイントは、左右両方のつま先を左に向けたオープンスタンスにすること。そして、両肩を結ぶラインはターゲットラインにスクエアにするということです。

両足が左を向いた状態を細かく見ると、左足と右足がパラレル（平行）になるわけですが、実はこのときの右足がすごく重要で、テークバックしたときに右サイドがロックされて右に流れません。アプローチではテークバックで下半身が動きすぎると、ブレた分を元に戻せなくなって、てきめんにダフりやトップになります。つまり右足が左を向くことで、構えたところにクラブが下りやすくなるというわけです。

ハンドファーストで打つことも大事です。ボールの位置が右足親指の前、左足体重、手の位置が左太もも内側の前になると自然にハンドファーストの構えになります。オープンスタンスならなおさら。セットアップを入念に行うのはインパクトでその形に戻したいからです。ダフったりトップしたりする人は大抵ハンドファーストでインパクトできていません。

グリーン周りの平らなライからのアプローチ　構え方

ボールと目標を結ぶターゲットラインに対してフェースの向きが真っすぐ（スクエア）になるようにクラブヘッドを置く

Step ❶ フェースを目標に向ける

まずはフェースを目標に向ける作業から。立ち方は適当でいいので、ボールと目標を結ぶターゲットラインをイメージし、それに対してフェースの向きが真っすぐになるようにクラブヘッドを置きます。

置く際には右手一本でも、両手でグリップしてから置いても構いません。

ターゲットライン上の近いところに目印を見つけ、そこにフェースを向けると真っすぐ向けやすくなります。

ボールが真ん中にくるように立ち、左右のつま先を結ぶラインをターゲットラインと平行にしてボール１個分の幅に両足を開く

Step ❷ スタンス幅はボール１個分

フェースを目標に向けたまま、ボールが真ん中にくるように両足を揃えて立ちます。

左右のつま先を結ぶラインをターゲットラインとパラレルにしたらボール１個分足を開く。つま先だけでなく両足をパラレルに開きましょう。

なぜ足をボール１個分開くかというと、揃えるとバランスが悪くなり、幅が広いと体を動かしたくなるから。

ボール１個分ならバランスが崩れず、体も自然に動くのでエラー動作が出づらくなります。ツアープレーヤーもグリーン周りではほぼこれくらいです。

ボールとつま先との間隔はシューズ１足分〜30センチ程度が目安。ウエッジのライ角通りに構えられる

Step ❸ ボールとの距離

ボールから離れすぎていないかチェックします。ボールとつま先との間隔はシューズ1足分から30センチが目安。遠いと体を使いすぎてヘッドスピードが上がりすぎ、近いと詰まって振りづらくなります。

また、ボールとつま先がこれくらいの間隔になると、結果的にウエッジのライ角（クラブをソール［ヘッドを地面につける］した際にシャフトと地面でできる角度）通りに構えることができます。正しくスクエアに立てていると、思ったより近くてちょっとだけ窮屈に感じるかもしれません。

Step ❹ オープンスタンス

肩のラインはスクエアなまま両足の間隔を保って15度左に向け、オープンスタンスにします。15度がわかりづらければ、時計の針の12時の方向を向いている両つま先を11時の方向に向けてください。上半身はスクエアのまま足元だけオープンにするのです。肩から足元まで、体全体を一旦左に向けてしまってから、肩のラインだけスクエアに戻しても構いません。最終的にオープンスタンスとスクエアショルダーの組み合わせになっていれば手順はどちらでもＯＫです。①両足を15度左に向ける。②つま先、膝、腰はオープンで肩はスクエア。

12時を向いている両つま先を11時に向けオープンスタンスにする。ただし上半身はスクエアのまま。肩のラインはスクエアで腰から足元をオープンにする

ボールの位置は右足親指の前あたり。両足がパラレルのまま正しくオープンスタンスになるとボールの位置が右足親指の前に見える

Step 5 ボールポジション

スクエアスタンスでボールが真ん中にある状態から15度左を向いてオープンスタンスにすると、ボールの位置は右足親指の前あたりになります。ボールが右に寄った気がしますが、足元を左に向けただけ。肩のラインはスクエアなので、上体に対するボールの位置は正面のまま。両足のパラレルを崩さず正しくオープンスタンスにできると、ボールの位置が右足親指の前に見えるということです。

6：4〜7：3の配分で左足体重にして構える。グリーン周りのアプローチでは左足体重で構え体重移動を抑えて打つ

Step 6 体重配分

アドレス時の体重配分については6：4、あるいは7：3の配分で左足体重にして構えることをおすすめします。

5：5で構えた場合も正しく動けば必ずインパクトで左足体重になりますが、グリーン周りのアプローチでこの体重移動は必須ではありません。それならばはじめから左足体重で構えておき、それをキープしたまま打ったほうが無駄がありませんし、軸が決まって動かない分ミスのリスクも減ります。

この時点で手の位置はやや飛球線方向に出てハンドファーストになり、グリップが左太もも内側の前あたりに収まる。これは同時にインパクトの形になる

Step❼ 少しハンドファースト

ステップ6までをクリアするとグリップ位置が左太もも前にきて、いわゆるハンドファーストになります。自分目線だとグリップは少しボールの左にきます。これはアドレスであるとともにインパクトのグリップ位置でもあります。アドレスでグリップが真ん中にあるプロも、インパクトではハンドファーストになりますが、インパクトに近い形で構えてそこに戻すつもりで打つほうが再現性が高まります。

肩のラインは
スクエア
Step 7　手は左
太もも内側前
Step 4　下半身オ
ープン＝15度
Step 6　６：４か
７：３で左足体重
Step 3　ボールとの
距離＝シューズ１足
分〜30センチ
Step 2　スタンス幅
＝ボール１個分
Step 5　ボールポジシ
ョン＝右足親指の前
Step1　フェースを
目標に向ける

アドレスの完成

スイングでは手と腕の繊細な感覚を生かす。手や腕が動けば上体や下半身も動く。パットのように下半身を固定しない

Point 1 手と腕の繊細な感覚でクラブをコントロール

打つ場合にメインで使うのは肩、腕、手。これらを積極的に使って繊細な感覚を生かしましょう。とはいえ、体を止める必要はありません。手や腕が動くことで上体に加え下半身も少し動きます。体の回転はそれで十分。下半身はパットのように固定しないでください。

また、グリップはギュッと握らないこと。手先でクラブをコントロールしてボールをとらえるとボールを上から打て、小さな振り幅で効率よく飛ばせます。プロは手や腕の繊細な感覚を大切にしています。

左右対称の振り幅で打つのが基本。ヘッドの重さを感じて振り子のように自然に加速するイメージで振るとヘッドスピードが一定になりやすい

Point ❷ 左右対称の振り子が基本

パットでは振り幅を左右対称にすると距離感が出やすいですが、アプローチも同じで左右対称の振り幅で打つのが基本です。振り幅は落とし所が近ければ小さく、遠ければ大きくなりますが、左右対称は変わりません。

こうするとヘッドの重さを感じて振り子のように自然に加速するイメージが出てヘッドスピードが一定になります。ボールに当てることを意識せず、スイングの途中でボールに当たるスタイルになるのでインパクトが緩んだり強く入るのを防げます。その結果、距離感が合ってくるのです。

Point ❸ スイング軌道とフェース向きをイメージして振る

クラブシャフトは地面に対して斜めになりますが、それを振ると物理的にバックスイングでヘッドがインサイドに上がります。そしてインパクトでアドレスの位置に戻り、フォロースイングでは再びインサイドに上がります。いわゆるイン・トゥ・インのスイング軌道で、正しく振れるとこうなります。小さいスイングでもフルスイングと同じ軌道を描くのです。

クラブの動きに伴ってフェースの向きも変わります。バックスイングではオープンフェース、ダウンスイングからインパクトでは徐々にスクエアに戻り、フォロースイングではクローズフェースになる。スイング中のフェースの向きは、オープン→スクエア→クローズです。

フェース向きは順にオープン→スクエア→クローズ

バックスイング、フォロースイングの両方をイメージして振ることが大事ですが、意識しすぎると、おもにバックスイングで早くインに上がったりフェースが開きすぎたりします。

バックスイングではヘッドがややインサイドに上がり、ダウンスイングからインパクトでアドレスの位置に戻り、フォロースイングで再びややインサイドに上がる

正しく振るコツはボールの左右50センチはスクエアフェースを保って真っすぐ動かすイメージをもつこと。手と腕の動きに体が連動すると、そこから先ではフェースが開きながらインサイドに上がります。左右対称に振ることが基本ですから、バックスイング側でそうなればフォロー側でもインサイドに上がってフェースが閉じるわけです。

また、イン・トゥ・イン軌道でフェースがオープン→スクエア→クローズになるとコックが使いやすくなるため自然な加速で打ち込めますが、ストレート軌道でフェースをスクエアに動かすとコックが入らず無理やり加速しないとボールが飛びません。

振り子のイメージで振り、ヘッドの重さを感じられるとヘッドが加速して上から入る。スピンがかかってボールが上がり、転がりすぎない

手と腕の感覚を生かし振り子のように振る

バックスイングは意識的にインサイドに引かない。緩めのグリップで振り子運動をすれば自然にインに上がり、フェースも自然に開閉する

スイング軌道とフェース向きをイメージして振る

グリーン周りの平らなライからのアプローチ　マスターのコツ

練習では常に「どれくらいの振り幅で振ったら、どれくらい飛ぶか」を意識。振り幅とキャリーの関係を正確につかむ

Point ❶ 振り幅とキャリーの関係をつかむ

振り幅が小さいグリーン周りのアプローチでは、フェースの芯の近くで正確にヒットできるようになることはもちろんのこと、そうして打ったときのキャリーの距離を把握することも重要です。

それには振り幅とキャリーの関係をつかむこと。スイングは左右対称の振り子運動なので、どこまで振ったらどれくらいキャリーするのかを常に意識して練習しましょう。

振り幅とキャリーが一定になればそれが一つの基準になり、距離をコントロールできるようになります。

左右両足の土踏まずでボールを踏んで打つ。不安定な状態で打つことで下半身が踏ん張れ、安定したアプローチが打てるようになる

Point ❷ 下半身を踏ん張り安定させる

両足でボールを踏んで打つと下半身を踏ん張る感じがわかります。

上の写真のように左右両足とも真ん中＝土踏まずのあたりでボールを踏むと、やや不安定な状態になります。この状態でバランスを崩さずに打つだけで下半身が踏ん張れるのです。インパクトの形で構え、それをキープしたまま打ってもＯＫです。

ボールの前後にクラブや棒などを置く。テークバックでは置いたものに沿ってクラブを真っすぐ引き、インパクト以降も置いたものに沿ってクラブを動かす

Point ❸ スイング軌道とフェース向きを整える

ボールの前後にクラブや棒など真っすぐなものを置いて打つことで、スイング軌道とフェースの向きを整えることができます。

テークバックでは、置いたものに沿ってクラブを50センチほど真っすぐ引きトップまでいきます。インパクト以降でも同様に置いたものに沿って50センチほどクラブを動かしてからフォロースイングへ。

こうするとバックスイングとフォロースイングでヘッドが適度にインサイドに入り、前者ではフェースオープン、後者ではフェースクローズになって軌道とフェース向きが整います。

リングの中にボールを落とす。リングがなくてもボールの落とし所を決めてキャリーさせることで正確性が増す

Point 4 ボールの落とし所を決めて打つ

私のレッスンでは打ち出し方向にリングを置き、リングの中にボールを落とす練習を取り入れています。ボールの落とし所を決め、そこにキャリーさせる練習です。

みなさんが練習場で行う場合には、打つ方向の20ヤード以内に目印を見つけ、そこにキャリーさせるようにしてください。

できればそこまでの距離がわかるものを目印にし、振り幅と打球の高さ、スピードなどを関連づけて覚え、いつでもその距離がキャリーで打てるようになってください。

20センチほど右に寄せて置いたボールを打つ。ヘッドが上から入らないと当たらないので、すくい打ちが自然に改善される

Point ❺ 右に置いたボールを上から叩くように打つ

ポイント3までの練習でボールにうまく当たらない、あるいは打球が上がりすぎる傾向がある場合、下からすくい打っている可能性があります。

そうなったらボールの位置を20センチほど右に寄せて打ってください。右にあるボールを打つにはクラブヘッドを上から入れないといけないので、すくい打ちが改善されます。

うまく打とうとする必要はありません。ヘッドを上から落としてボールに当てて低い球が出ればOK。ボール位置を本来のところに戻しても、同じ要領で打てばすくい打ちになりません。

PART 3

アプローチの距離コントロール

～30～50ヤードのアプローチ～

Theme 1

30ヤードのアプローチ

構え方のPoint

スタンス幅をボール2個分に広げる

下半身を安定させて振り幅を大きくする

キャリー30ヤードのアプローチでは、グリーン周りの20ヤード以内のアプローチよりスタンス幅だけがわずかに広くボール2個分になります。

なぜ1個分広くするかというとキャリーでプラス10ヤード飛ばすから。打つ距離は振り幅の大きさでコントロールしますが、振り幅が大きくなる分スイング中に若干バランスがとりづらくなります。また、コースでピンまで30ヤード以上あると、立ち位置が平らでないところも増えてくるので、そのための対策でもあります。

ただし、ボール2個分はあくまで目安。状況によって、打てれば1個分でもいいですし、3個分のほうが安全ならそうしても構いません。

Point 1　スタンス幅＝ボール２個分
Point 2　下半身オープン＝15度
Point 3　ボールポジション＝右足親指の前〜ボール１個分真ん中寄り

オープンの度合いとボール位置はグリーン周りと同じ

右足親指の前にボールを置き、ＰＡＲＴ２で紹介したセットアップと同様、オープンスタンスにします。オープンの度合いも15度＝両つま先を11時の方向に向けてください。肩はターゲットラインに対してスクエアのまま、つま先、膝、腰だけオープンにするのも同様。オープンスタンスとスクエアショルダーの組み合わせで構えましょう。

スタンス幅をボール２個分

アドレスの完成
Point 4　ボールとの距離＝シューズ１足分〜30センチ

に広げましたが、ボールポジションは20ヤード以内のときと変わらず、オープンスタンスにしたときに右足親指の前あたりになります。右に寄りすぎて構えづらい感じがあればボール１個分真ん中寄りにしても構いません。

ボールとの距離もシューズ１足分から30センチが目安で、体重配分は６：４もしくは７：３で左足体重。このように構えるとグリーン周りと同様にグリップが左太もも内側の前にきてハンドファーストになります。

打ち方のPoint 30ヤードの振り幅をつかむ

手と腕の感覚を生かしクラブをコントロール

グリーン周りのアプローチと同じように、アドレスでインパクトの形を作っていますから、スイングでやるべきはアドレスの形に戻すこと。下半身を使ったり、体重移動を行う意識は不要で、手と腕の感覚を生かしクラブをコントロールするつもりでスイングしましょう。

スイングは左右対称の振り子運動のイメージですが、キャリーが10ヤード伸びるので当然振り幅は大きくなります。また、結果的に体も回転し体重移動も少し行われます。

ただし、同じ30ヤードキャリーさせるにしても、プレーヤー各々のスイングテンポや使用クラブによって振り幅は変わるので、個々でキャリー30ヤードの振り幅をつかむ必要があります。ちなみに私の場合、紹介したセットアップから、バックスイングとフィニッシュで少しコックが入り、ややクラブが立つ振り幅で打ったときにキャリーが30ヤードになります。

また、スタンス幅をやや広げて安定させてはいますが、振り幅が大きくなるとスイング中にバランスがとりづらくなります。下半身は使わなくてもＯＫですが、クラブの動きに引き

アドレス　　**インパクト**

＝

＝

打つ距離が伸びても「アドレス＝インパクト」のイメージ。アドレスのポジションにクラブが戻り、形も再現できればミスにならない

ずられないよう安定させる意識は必要です。

30ヤードでは自然に手首のコックが入る

これらのポイントをクリアできると30ヤードのアプローチではスイング中に手首のコックが入ってきます。

コックとは手首が親指方向に折れる動きのことで、左右対称に正しく振れるとバックスイングとフォロースイングでそうなります。

プロが悪い意味で用いる〝手首を使う〟という表現は、手首が甲側および手のひら側に折れる動きを指していますが、本書においても〝手首を使う〟という表現が出てきた場合は、すべてこの動きを意味しているものと考えてください。

プロはもっぱら「手首を使わず体の回転で打つ」といいますが、これはコックが自然に行わ

バックスイングでは手首が親指方向に折れる

れている証拠。コックがスイング動作の一部として溶け込んでいると、手首は使わない感覚になります。

本来コックはそうあるべきものですが、ビギナーの方や〝手首を使わない〟を曲解している人は手首を固めてしまってコックができない状態になっているかもしれませんので、そんな方は以下の解説に従って意図的にコックを入れてみてください。

上から地面を叩くようにクラブを下ろす

コックはテコの原理の応用です。

ウエッジを持ってソールし、その場でヘッドを上げ下げしてソールした場所をトントンと叩いてみてください。誰もが手首を親指側に折っ

30ヤードのアプローチでは手首のコックが入る

てヘッドを上げ、折った手首を元に戻してヘッドを地面に落とします。

アプローチで行うコックもこれと同じ。左右対称の振り子運動を行いながら、この原理を使ってクラブヘッドを上下させます。クラブフェースをバックスイングでオープン、フォロースイングでクローズにすることで手首が親指方向に折れやすくなります。理屈で考えるとちょっと難しく感じますが、やることはシンプル。上から地面を叩くようにクラブを下ろすだけ。こう動かすことではじめてボールがロフト角通りに上がって適正なスピンがかかります。

体の回転ばかり考えているアマチュアゴルファーの中には、コックをまったく使えていない方もいて、そんな方はよくトップが出ます。

また、キャリーで30ヤードくらい打つとなるとボールをフワッと上げたいイメージがあるせいか、ボールを横から払うように打つ人もたくさんいます。

とりわけビギナーの方やスコアにして100前後を行ったり来たりしている人はこのパター

インパクトで自然にリリースされる

ンが多いのですが、実際は逆で、ヘッドが上から入らないとボールは適正な角度で上がりません。30ヤード以上キャリーさせるアプローチになると、再現性、距離感、方向性などすべてで綻(ほころ)びが顕著になってくるので、この段階でテコの原理を使って上から打つことを理解して実践できるようになりましょう。

習得法としては72ページで紹介した、右に置いたボールを打つ練習がおすすめです。通常よりもボール2〜3個分右にボールを置き、手の位置は通常のまま打つとヘッドが上から入ります。その際フォロースイングはとらなくても構いません。手を使ってヘッドを上げ下げしてクラブフェースをボールに当ててください。

コックが入るとテコの原理でクラブが動く

Theme 2

40〜50ヤードのアプローチ

構え方のPoint

40〜50ヤードはスタンス幅と振り幅を関連づける

40ヤードと50ヤードの構え方のポイントは以下の通りです。

［40ヤード］
Point 1　スタンス幅＝ボール3個分
Point 2　下半身オープン＝5度
Point 3　ボールポジション＝真ん中
Point 4　ボールとの距離＝30ヤードよりボール1〜2個分離れる

［50ヤード］
Point 1　スタンス幅＝ボール4個分
Point 2　下半身オープン＝5度

Point 3　ボールポジション＝真ん中

Point 4　ボールとの距離＝30ヤードよりボール1〜2個分離れる

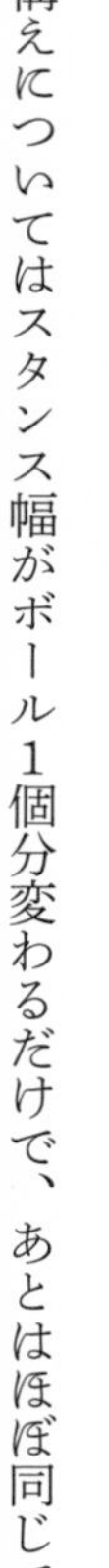

構えについてはスタンス幅がボール1個分変わるだけで、あとはほぼ同じです。

40ヤードのスタンス

Point 1　スタンス幅＝ボール3個分
Point 2　下半身オープン＝5度
Point 3　ボールポジション＝真ん中

50ヤードのスタンス

Point 1　スタンス幅＝ボール４個分
Point 2　下半身オープン＝５度
Point 3　ボールポジション＝真ん中

スタンス幅をボール１個分広げるのは下半身を安定させる目的もありますが、実は振り幅と関係しています。当然ながらキャリーが40ヤードから50ヤードになると振り幅はさらに大きくなりますが、この振り幅の違いをスタンス幅と関連づけてしまうと手っ取り早い。

すなわち「ボール３個分のスタンス幅＝キャリー40ヤード」とインプットして、スタンスをとると同時に、その振り幅がイメージできるようにしておくのです。同様にボール4個分の広さにすれば50ヤードの振り幅になるという具合で、いわば距離を合わせるためのテクニックの一つです。

正直なところ、ボール3個分のスタンス幅でも50ヤード打つことはできます。しかし、振り幅と関連づけることで正確に打ち分けられるようになるので、みなさんにもぜひ試していただきたいと思います。

下半身を5度オープンにする二つの理由

また、キャリーが30ヤードから40〜50ヤードになると、下半身をオープンにする度合いが15度から5度へと少なくなりますが、これには二つの理由があります。

一つはオープンの度合いが大きすぎると、右サイドがロックされてバックスイングが大きくとれないから。右足がクローズになっていることで、30ヤードまではバックスイングを大きくしすぎないリミッター的な役割を果たしていましたが、40ヤード以上ではリミッターを外してスクエア感を出して構えないと振り幅を大きくできないのです。

もう一つは、この距離でもインパクトのイメージを作っておきたいから。「オープンスタ

40ヤードのアドレス

Point 1　スタンス幅＝ボール３個分
Point 2　下半身オープン＝５度
Point 3　ボールポジション＝真ん中
Point 4　ボールとの距離＝30ヤードよりボール１～２個分離れる

ンスで立つ＝インパクトの形を作っておく」と繰り返し述べてきましたが、キャリーが40～50ヤードになってもこれは変わりません。

ただ、30ヤード以下のときのように15度左を向くとオープンすぎますし、スクエアにすると下半身が動きすぎるので、ある程度スクエア感がある5度オープンがちょうどいい。つまり50ヤード以内では5～15度オープンにする。その境界線となるキャリーの距離が40ヤードともいえます。

ボールの位置は左右センターが目安

さらに30ヤード以下のボール位置は右足親指の前でしたが、スタンス幅がボール3

50ヤードのアドレス

Point 1　スタンス幅＝ボール４個分
Point 2　下半身オープン＝５度
Point 3　ボールポジション＝真ん中
Point 4　ボールとの距離＝30ヤードよりボール１～２個分離れる

～4個分となるとかなり右足寄りになるので40～50ヤードは基本的には左右の足のセンター。それよりボール1個分ほど右寄りでもOKです。

ボールとの距離は30ヤード以下のときより、さらにボール1～2個分離れます。これも振り幅が大きくなるためのセットアップです。

キャリーで40～50ヤードとなるとハーフスイングに近くなりますが、そうなるとシューズ1足分では近すぎてスイングが窮屈になります。

反対にボール2個分以上離れてしまうと体を動かしたくなり、ショット寄りのスイングになるので1～2個分以上は離れないようにしましょう。

打ち方のPoint クラブをギュッと握らずリラックスして腕と手を振る

バックスイングでヘッドが手元を追い越す

キャリーが40～50ヤードのアプローチになると振り幅はハーフスイングに近づき、写真くらいの大きさになります。このときバックスイングとフォロースイングでは手首のコックが入ります。

グリーン周りのアプローチのところで記したように、バックスイングでクラブはややインサイドに入りながらフェースが開きます。これはいわば物理的なクラブの動きで、こうなるとクラブが正しい軌道、つまりバックスイングもダウンスイングも同じ軌道に乗る、いわゆるオンプレーンスイングになります。

クラブと腕を1本の棒と考えた場合、真っすぐ

ここでも左右対称の振り子を心がける

にしたまま動いてもオンプレーンになりません。

そこで大事な役割を担うのが手首のコック。クラブと腕のジョイント部分が折れることでクラブが物理に適(かな)った動きになりプレーンに乗るわけです。

ちょっとわかりづらい話になりましたが、やることは難しくありません。すなわち、クラブをギュッと握りしめずに（グリッププレッシャーは3割程度）、リラックスして腕と手を振る。こうすると始動でクラブを真っすぐ動かしても、腕や肘が先行しない限り、ほどなくヘッドが手元を追い越し、バックスイングではヘッドが先導する形になって自然と手首が折れます。手元の動きは小さくてもクラブヘッドは大きく動く効率のよいスイングになるわけです。体の回転を主体にするのではなく、腕の動きに体を追随させればＯＫです。

グリッププレッシャーは3割程度。リラックスして手と腕を振ると手元の動きに対してクラブヘッドが大きく動く

ダウンスイングで手首を使うのがミスの原因

前傾姿勢をとっているので実際にはクラブシャフトは地面に対して斜めですが、バックスイングでは右サイドでクラブが立つ感じになります。

その後ダウンスイングからインパクトのプロセスになるとクラブヘッドが下りてきますが、ここで行われるのはバックスイングとは逆のこと、つ

Point 4　30〜50ヤードは下半身がブレる可能性があるのでしっかり脚を踏ん張る

Point 5　自分の心地よいスピードもしくはリズムを意識しながら振り幅で距離を打ち分ける

まりコックをほどく作業です。とはいえ、意図的にほどかなくてもＯＫ。クラブヘッドは重いので重力によって勝手に下りてくるからです。

ここでクラブを引き戻す、あるいは早くコックをほどいたり、手首を使うことがミスを誘発します。よくプロが「クラブヘッドの重さを感じる」とか「クラブに仕事をさせる」といいますが、これらは自分でクラブを動かしすぎないことによっ

Point 1　手と腕の繊細な感覚でクラブをコントロール
Point 2　左右対称の振り子運動
Point 3　ボールを踏んで打つときの感覚で下半身と体重の位置をコントロール

て実現します。タイミングよくコックがほどければ必然的にインパクトでアドレスの形が再現されるので、すくい打つ格好にならずハンドファーストで打てるわけです。

また、左右対称の振り幅でスイングすればフォローサイドはバックスイングの裏返しになる。すなわち、しかるべきタイミングでクラブヘッドが手元を追い越し、クラブがインサイドに入りながらフェースが閉じる。バックスイング同様、ここでも手首のコックが入ってフィニッシュではクラブが立ちます。

③

③

ダウンスイングからインパクトの手首の動き

①

②

①

②

ダウンスイングからインパクトではヘッドの重さで自然にクラブが下りてコックがほどけるので意図的にほどかなくてもいい

40ヤードのアプローチ／コックは意図的にはほどかない

バックスイングではクラブが立つ感じに。左右対称の振り幅ならフォローサイドでも手首のコックが入りフィニッシュでクラブが立つ

50ヤードのアプローチ　フィニッシュでもクラブが立つ

我が師、ロン・ストックトンとの出会い

私が師事したロン・ストックトン。彼との出会いは倉本昌弘プロを通じてでした。友人の紹介で倉本さんと知り合い、定期的に練習やラウンドをご一緒させていただき、倉本さんが出場したチャンピオンズツアーの応援にも行きました。倉本さんはロンの父親でショートゲームの名手のデイブ・ストックトンの紹介でロンにレッスンを受けていたのですが、そのつながりでロンを紹介いただいたのです。

以来、私は居を構えていたロサンゼルスから３時間車を飛ばしてロンのレッスンに通うようになりました。そこではショートゲームはもちろんロングゲームまで多くのことを学びました。とりわけショートゲームのレッスン内容は秀逸で、アプローチが安定してくるのが手にとるようにわかりました。

その結果、当時カリフォルニア州全土で開催されていた１～３日間のトーナメントからなるミニツアー（当時はペプシコーラがスポンサーでした）でプロとして初優勝できました。賞金は40万～50万円でしたが、受け取らずに他の試合のエントリーフィに回しました。それを忘れて帰国してしまったので、ツアーが存続していれば使い切っていない分が残っているはずなのですが……（笑）。

PART 4

アプローチのバリエーションをマスター

～キャリーとランの割合を変えて寄せる～

アプローチのバリエーションとは？

弾道を変化させキャリーとランの割合を変える

すでにふれたように、アプローチはキャリーとランで構成されます。このPARTでいうアプローチのバリエーションとは、キャリーとランの割合を変えた寄せ方を意味しています。PART1でお伝えした基本となるピッチ&ランはキャリーとランが1：1の割合でしたが、弾道を変化させキャリーとランの割合を変えるわけです。

すでにお気づきの方もおられると思いますが、PART3で紹介した30～50ヤードのアプローチでは、キャリーとランの割合が1：1ではなくなっています。キャリーを出すにはある程度弾道に高さが必要となりスピン量が増えるため必然的にランの割合が減るからです。もちろん技術的にはキャリーとランが30ヤードずつの打ち方もできますが、ボールが落下したあとライの影響を受けて距離感を出すのが難しいため、使う場面はほとんどありません。

臨機応変にキャリーとランの割合を変えて寄せる

このＰＡＲＴではピッチ&ラン、ボールを少し上げるアプローチ、ランニングアプローチ、ロブショット、バンプ&ランの５つの寄せ方を習得します。

ピッチ&ランはキャリーとランが１：１。ボールを少し上げるアプローチは少し高いボールを打つ分ランが少なめになります。逆にランニングアプローチはキャリーが少なくランをメインに寄せる方法。ロブショットはピンの根元に落とすようなイメージでランを極力抑えます。また、バンプ&ランはグリーン手前から転がすシチュエーションのときに、クッションを入れてからランで寄せるテクニカルな方法です。いずれの場合もキャリーとランの割合を自分の狙いに近づけるには、ボールの落とし所が平らに近いほうがいいので、グリーンにキャリーさせる前提で解説を進めます。

たとえば同じピンまで20ヤードでも、ピンがグリーン奥の場合とエッジの近くの場合があります。グリーンにキャリーさせやすく安定してランが使える前者ではピッチ&ランやランニングアプローチ、グリーンが広く使えない後者ではロブショットやバンプ&ランが有効。寄せ方のバリエーションを覚えれば臨機応変に対応できるようになります。

Menu 1 ピッチ&ラン

キャリーとランの割合が1：1の寄せ方

寄せ方のバリエーションを知るうえでも、状況が一定でないと理解しづらいと思いますので、このＰＡＲＴでは、ピンまで20ヤードのグリーンエッジ、フラットで良好なライのシチュエーションから寄せる想定で話を進めます。

ピッチ&ランはキャリーとランの割合が１：１。ピンまで20ヤードならキャリーとランを10ヤードずつ使う寄せ方です。

構え方と打ち方はＰＡＲＴ２で紹介した内容とまったく同じ。基本をマスターできていれば10ヤードキャリーさせられればランも10ヤード出るピッチ&ランになります。

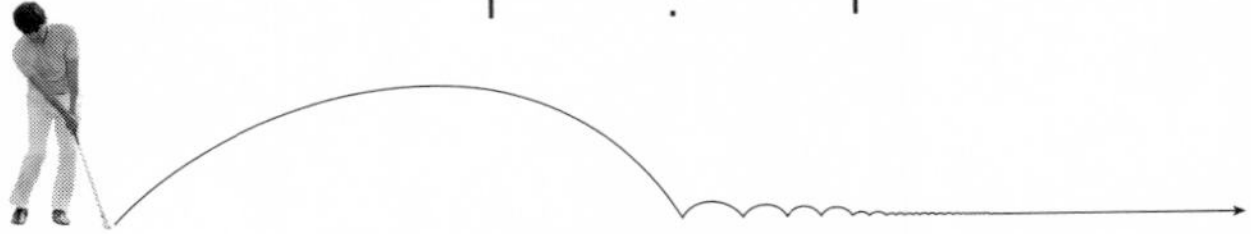

1 ： 1

キャリーとランの割合は1：1

アドレスのPoint

Point 1　スタンス幅＝ボール１個分
Point 2　下半身オープン＝15度
Point 3　ボールポジション＝右足親指の前
Point 4　ボールとの距離＝シューズ１足分〜30センチ
Point 5　６：４か７：３で左足体重
Point 6　手は左太もも内側前

打ち方のPoint

Point 1　落とし所にだけ集中して打つ
Point 2　手と腕の繊細な感覚でクラブをコントロールする
Point 3　左右対称の振り子運動が基本
Point 4　スイング軌道とフェース向きをイメージして振る

Menu 2

ボールを少し上げるアプローチ

払い打ちでフェースにボールを乗せる

ランよりもキャリーを多めに使って寄せる方法です。ピンまでの間に池やバンカーがあったり、グリーンエッジからピンまでの距離が近いシチュエーションなどで使います。キャリーとランの割合は１：０・５といったところです。

構え方、打ち方ともピッチ&ランの場合とほぼ同じ。変わるのはアドレス時のボールポジションだけで、右足親指の前からボール２個分ほど左寄りにします。こうすることでダウンスイングからインパクトでボールに対するクラブヘッドの入射角が緩やかになります。

ピッチ&ランと同じく少し打ち込みますが、ボールが左にあるので結果的にダウンブローでなく払い打つ感じになる。そのためフェースにボ

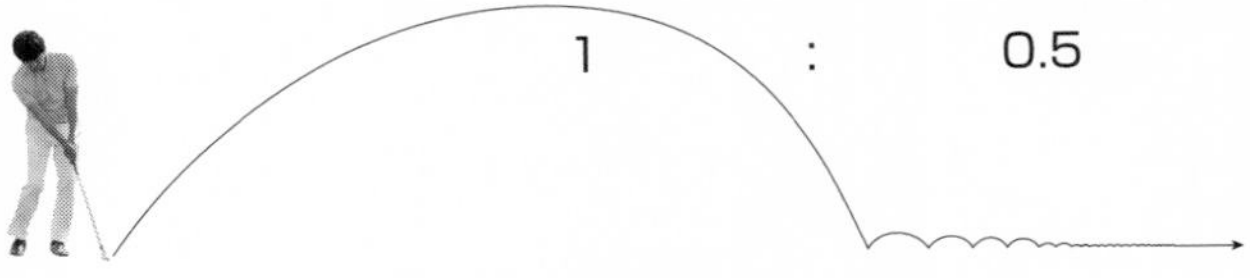

キャリーとランの割合は１：０.５

ールが乗って高く上がります。
　打球が上がる分、前に飛ばなくなりますから、ピッチ＆ランより振り幅を大きくしてゆったりスイングしましょう。

構え方のPoint

Point 1　ピッチ＆ランと同じ構え方
Point 2　ボールポジションはボール２個分左寄り

打ち方のPoint

Point 1　スイングの最下点は右足親指の前（ボールの２個分手前）
Point 2　普段より大きく上げて大きく振り抜く
Point 3　少し球が上がりランが少なくなる

Menu 3

ランニングアプローチ

キャリーとランの割合はおおむね1：4

転がしをメインに使って寄せるランニングアプローチは9番アイアンを使うと簡単です。ロフトが立った9番は、ボールがフェース面に当たりやすいためダフりやトップが出づらく、多少芯を外してもウエッジのようにボールの勢いが衰えません。

キャリーとランの割合はおおむね1：4。ピンまで20ヤードならキャリーが4ヤード、ランが16ヤードです。9～10フィートの速さのグリーンに落とすと、ほぼこの割合になるので使い勝手がよく、小さい振り幅で距離を稼げるので安全です。

ちなみにここでいう9番のロフト角は43度前後。最近はロフトが立ったアイアンも多いので、その類を使っている方はＰＷになるかもしれま

キャリーとランの割合は1：4

せん。

構え方と打ち方はウエッジのピッチ&ランと同じで、足を揃えて立ったほうが芯に当たりやすい。ただ、クラブが多少長いので少し短く持ってください。

打ち方はパットのイメージだとショートしやすいのであくまでアプローチですが、ヘッドが上から入りすぎるとロフトが立って飛びすぎるので、その傾向がある人は払い打つ感じをもちましょう。ヘッドが多少手前に落ちても芝の上を滑ってくれます。

構え方のPoint

Point 1　クラブは９番アイアン
Point 2　スタンス幅＝ボール１個分の広さ
Point 3　オープンスタンス＝下半身を10〜15度左に向け、肩は目標にスクエア
Point 4　ボールとの距離は30センチ前後＝シューズ１足分
Point 5　ボールポジション＝右足親指の前
Point 6　左足体重６〜７割
Point 7　ややハンドファースト
Point 8　２〜７までの６つのポイントを意識してインパクトの形を作る

Point 3　手と腕の繊細な感覚でクラブをコントロールする
Point 4　左右対称の振り子運動が基本
Point 5　スイング軌道とフェース向きをイメージして振る

ヘッドが上から入りすぎるとロフトが立って飛びすぎるため、上から入りやすい人は払い打つイメージで打つ

打ち方のPoint

Point 1　キャリーとランの割合は１：４
Point 2　最終的には落とし所にだけ集中して打つ

サンドウエッジのピッチ＆ランと同じ打ち方が理想。パットと同じように振るとショートしやすい

Menu 4

ロブショット

真上からボールを落としピンの根元に止める

アプローチの中で最も特殊なテクニックといえるのがロブショット。高いボールを打ってピンの真上から落とし、根元にピタッと止めるようなイメージのアプローチです。打球が上がるということはバックスピンがかかるということ。そのためランがほとんど出ません。

とてもプロっぽくてカッコよく見える寄せ方ですが、効率が悪くリスクも伴います。すなわち、飛ばさないのに振り幅をマックスまで大きくしなければならない、トップするとバンカーでいうところのホームランになる。逆にクラブヘッドがボールの下を潜って、いわゆる〝だるま落とし〟になる可能性もあるので、どうしても必要な場面以外では使いません。欧米のツアープロが使うのも、それだけシビアな状況にあるときだけ。ただし、慣れると難しい状況でとても有効なのです。

ロブショットにはハンドファーストで打ってスピンをかける方法と、逆にグリップ位置を右にずらすハンドレートにして打って高さを出して止める方法の二つがあるので順に説明します。

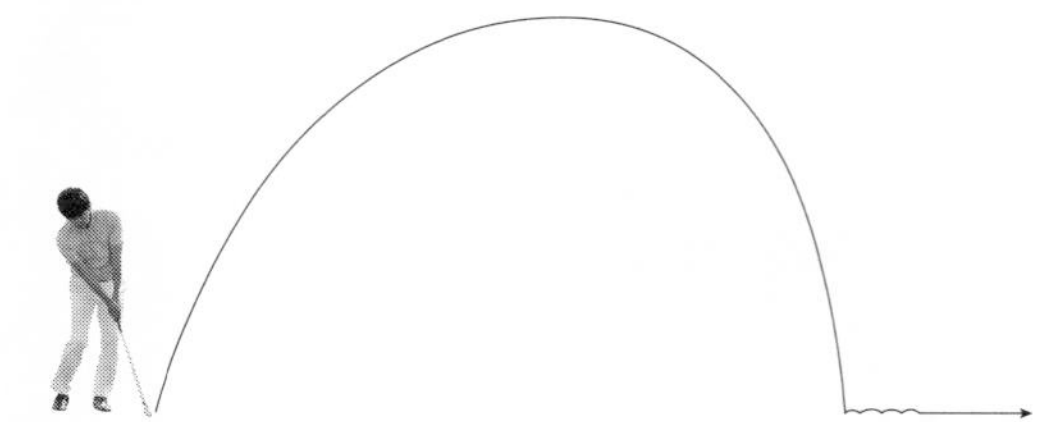

ピンの真上からボールを落としてピタッと止めるイメージ

ロフト角の大きなウエッジを使うと打ちやすい。フェースを開いてアドレスする。矢印が目標方向

ハンドファーストのロブショット

少し上げてスピンで止めるロブショット

構え方のPoint

Point 1　ピッチ＆ランとまったく同じ
Point 2　フェースを30度開いてからグリップ

打ち方のPoint

Point 1　基本的にはピッチ＆ランと同じ

Point 2　クラブを少し鋭角に上げて、鋭角に下ろす（積極的に手首のコックを使う）

Point 3　フォローでフェースを少し返す

フェースを少し返すがハンドファーストは崩さずキープ

Extra 2

ハンドレートのロブショット

高く上げてスピンと高さで止めるロブショット

まずフェースを30度ほどに開き、開いた状態でグリップします。フェースをターゲットより少し右に向けてセットしオープンスタンスで立ちます。スタンスを広げて重心を下げバウンスを地面に着けます。バウンスとはウエッジのソールからバックフェース寄りにある出っぱり部分のこと。体重配分は7：3〜6：4で左足体重です。

ここまでできたら左足体重のまま、右肩を下げてボールを右から覗き込むようにしましょう。ボール位置は手の真下から左寄りになり、グリップはハンドレートになっています。

打ち方のイメージはクラブヘッドが腕より先に動いてボールの下を通る感じ。腕が先に行くとロフトが立ってしまいます。大事なのはフィニッシュまで大きく振り抜くことですが、ボールを打つイメージがあるとこれがやりづらいのでインパクトで打たないイメージも有効です。

構え方のPoint

Point 1　フェースを30～45度開いてグリップ
Point 2　スタンス幅＝ボール４個分開く
Point 3　ピッチ＆ランと同じく15度のオープンスタンス
Point 4　ボールは真ん中より１～２個分左寄り
Point 5　ハンドレートになる

打ち方のPoint

Point 1　手と腕を主導に振る（コックを積極的に使う）
Point 2　ヘッドを滑らせながら走らせる（ゆっくり大きく振り抜く）
Point 3　早くコックをほどく（リリースポイントを早くするとヘッドが滑って走りやすくなる）
Point 4　ハンドレートのままフェースを返す

フェースを返しながらフォローを大きくとる

Menu 5

バンプ&ラン

手前にバウンドさせてからグリーンに乗せる

ピンが手前で傾斜が下っていたり、ボールを上げても止まらない状況のときに、手前の花道やラフに一旦バウンドさせるアプローチがバンプ&ラン。手前にボールを落とし、1~3バウンドさせてからグリーンに落として転がす手法です。

ボールポジションがボール3個分右寄りになる以外は、構え方も打ち方もピッチ&ランと同じです。ボールを右寄りにすることでクラブヘッドが上から入るため、ロフトが立って低い球が打てます。

打ち込みすぎてもダメですし、下からすくい打って打球が高くなりすぎてもいけない。ピッチ&ランからボールポジションを変えるだけで、打ち方を変えないところが最重要ポイントです。スイングの最下点が通常の右足親指の位置になるため、ボールの先を打ち込んで1~2個分先の芝を取りましょう。

手前の花道やラフにバウンドさせてから寄せる

構え方のPoint

Point 1　ピッチ＆ランと同じ構え方
Point 2　ボールポジションはボール３個分右寄り
Point 3　バンプさせるポイントを明確にする（ここではリングの中）

①

②

③

④

打ち方のPoint

Point 1　１クッション、２クッションと跳ねてグリーンに乗り、ピンに向かって転がるイメージをもつ

Point 2　最終的にはグリーン手前の落とし所だけを見て、そこに向かって打つ

必然的にフォローは
小さめになる

ボールが右寄りでクラブヘッドが上から入るのでインパクトでロフトが立って低い球が出る

アメリカでの優勝争いで驚きの経験

カリフォルニア時代に優勝した2試合では、最終日の優勝争いでまったく同じことが起きてとても驚いたのを覚えています。残り3ホールのタイミングで優勝を争っていた2位の選手がフェアウェイで突然こう話しかけてきたのです。“Now you are leading 2 strokes. Let's see if you can get away with it.”（今は2打リードしているけど、そのまま逃げ切れるかな？）

いうまでもなくあからさまな挑発でした。「そんなこというか！」と驚きましたがその手には乗らず、いわれた言葉について深く考えることはしませんでした。逆に2試合ともに自分を奮い立たせることに成功し、ベタピンショットでお返ししてやりました。意気消沈した相手はホールアウト後に「参ったよ」といわんばかりの笑みを浮かべてシェイクハンドを求めてきました。

欧米は何でも言葉で直接伝える文化。空気を読んだり忖度（そんたく）することはありません。日本は言葉であまり伝えず、態度や遠回しに匂わせて伝える文化。常に空気を読み、相手を理解しようとします。勝負の世界でもそのまま。欧米では言葉で直接プレッシャーをかけて相手を試します。日本であるとしたら言葉ではなく態度や行動でプレッシャーをかける。ゴルフを通じて欧米の戦術の違いも学べました。でも、試合が終わればノーサイド。これは世界共通です。

PART
5

アプローチの応用

～いろいろなライからのアプローチ～

いいライから打てるアプローチは少ない

大きなポイントはラフと傾斜

ゴルフでは似たようなシチュエーションで打つことはありますが、まったく同じシチュエーションから打つことはありません。ここまではフラットでボールのライも良好な、最も寄せやすい状況からのアプローチを想定して基本的なテクニックを紹介してきましたが、実戦のラウンドではいい状況から打てるアプローチは少なく、ラフや傾斜からのほうが圧倒的に多いのが現実です。

そこでこのPARTでは、アマチュアゴルファーがラウンドでよく遭遇する状況から、ピッチ&ランでアプローチする方法をお伝えします。

大きなポイントはラフと傾斜。これらから打つ方法を知っておくことはグリーン周りから2～3打で上がるための絶対条件。

ラフはボールの沈み具合や順目か逆目かによって構え方や打ち方が変わります。

難しい状況では「寄せる」から「乗せる」に目標を修正

傾斜から打つ方法はいろいろありますが、よほど難しい状況でない限り、構え方や打ち方を大きく変えず合理的に臨むのが欧米式なので、その方法をお伝えします。

ラフにしろ傾斜にしろ、ここで紹介する内容も一例にすぎません。ただ、ベーシックな打ち方を知っておけば、それを応用していろいろなライに対応することができますので参考にしてください。

平らな花道の申し分ない状況からアプローチする場合もそうですが、いろいろなライから打つ場合こそ、ボールのライを確認することが最優先。たとえばラフでは、打つ前にボールの沈み方を正確につかまなければなりません。それができたら、どんな弾道のボールを打つのか、ボールの落とし所はどこか、といったことも明確にしておく必要があります。

ショットの場合、ラフや傾斜から打つ場合は多かれ少なかれトラブルです。状況にもよりますがアプローチも同様で無理は禁物。シチュエーションによっては「寄せる」から「乗せる」に目標を修正しなければなりません。とりわけアベレージゴルファーの方は無理に寄せようとせず、とりあえずグリーンに乗せることが重要。ピンをオーバーしても、結果的にはそれが正解なことも多くあるので、まずはグリーンに乗せることを目標にしましょう。

Menu 1

ラフからのアプローチ

Case 1 ボールが浮いているとき

ノーコック気味で払い打つ

ラフに浮いたボールに対して普通にソールすると、ボールの下をヘッドが潜ったりフェースの上に当たって飛ばないので、まずはリーディングエッジがボールの真下にくるようにフェースをセットします。その際は手で合わせず、高くティアップしたボールを打つときのように上体を起こして合わせましょう。

スイングではコックが入りすぎると、やはりボールの下を潜りやすいのでノーコック気味で払うように打

左から浮いたボール、普通に沈んだボール、深く沈んだボール

つこと。パッティングに近いイメージです。

また、ノーコック気味に払い打つとハンドファーストで当たりづらくなります。そのぶんボールが上がって飛ばないので振り幅を大きくするのがうまく寄せるコツです。

上体を起こしてアドレスし、ボールの真横にフェースをセットする

打ち方のPoint

コックを使いすぎないように注意して横から払うように打つ

構え方のPoint

クラブを浮かせる

Case 2 ボールが普通に沈んでいるとき

ボールの3～5センチ手前の芝ごと打つ

〝普通にボールが沈んでいる〟とは、ボールが半分ほど見えている状態。こんなライだと強く打ったり速く振ったりしがちですが、それでは逆効果です。

結論からいうと、クラブヘッドの重さを感じながら大きくゆったり振るのが正解。クラブの遠心力が使えて難なく対処できます。

構え方のポイントは、直接ボールを打たないので3センチ手前にクラブをセットすることと、クラブヘッドを少し浮かせておくこと。ボールが動いてしまうとライの改善になるので注意しましょう。

打ち方は基本フェアウェイからのピッチ&ランと同じですが、それに加えてボールを目がけて打たず、ボールの3センチ手前の芝ごと打つ感じで振り抜きます。直接ボールを打たず、必ず3センチ手前にダフらせて芝ごと打ちましょう。

さらに芝の抵抗で飛びづらいので振り幅を大きくします。10ヤードキャリーさせるなら倍以上、キャリーで20～30ヤード打つつもりで振る。振り幅を大きくして自然な加速度合いで打ちます。

フェアウェイからのアプローチと違ってボールの勢いが死に、フワッと上がる柔らかい球が出ればＯＫです。

構え方のPoint

Point ボールの３センチ手前にヘッドを浮かせて構える

打ち方のPoint

Point 1 ボールの３センチ手前の芝ごと打つ
Point 2 普段より大きくゆったり振る（インパクトを強くしない）
Point 3 ボールの勢いが死んだフワッとした打球をイメージ

Case 3 ボールが深く沈んでいるとき

手前でダフらせ根こそぎ芝を取る

おすすめは一番ロフト角の大きいクラブを使うこと。そのうえでフェースを30度開いてグリップします。ボールが飛ばない分、振り幅を大きくするのでスタンス幅を広げましょう。ボール4〜5個分くらいの幅が目安です。沈み具合にもよりますがボールポジションは真ん中くらい。厳しそうならさらに右にします。ヘッドはソールせずボールの3センチ手前に浮かせてアドレスしましょう。

打ち方のポイントはボールを直接打たないこと。構えたところ、つまりボールの手前3センチから打ち込みます。深く沈んでいるほど芝の抵抗が大きく、しかもボールを直接打たないので飛びません。たとえばキャリーで10ヤード打つとしたらハーフスイングからスリークォーターの間くらいのスイング幅になる可能性が高いと思います。

ゆっくり大きく振り抜くことも大事。沈んでいるとインパクトで加速したくなりますが、それをやるとヘッドが突き刺さって力が伝わらず飛びません。振り幅を大きくすれば絶対に飛ぶので3センチ手前でダフらせ、根こそぎ芝を取るイメージ。ゆっくり大きく振ってターフを取るのがポイントです。

構え方のPoint

Point 1　フェースを30度開いてグリップ
Point 2　スタンス幅を少し広く（ボール４～５個分が目安）
Point 3　ボールの３センチ手前にヘッドを浮かせて構える

Point 2　スリークォーターくらい大きく上げて振る
Point 3　ゆっくり大きく振り抜く

打ち方のPoint

Point 1　ボールの３センチ手前の芝ごと深く打ち込み大量にターフを取るイメージで打つ

Menu 2

逆目のラフ

ハーフトップ気味に払い打つ

逆目のラフは芝がちょっとでも絡むとボールに力が伝わらないので、ボールを直接打たないといけません。逆目でもボールはいくぶん浮いていますからハーフトップ（インパクトでヘッドのリーディングエッジがボールに当たり、低い弾道になり、ランが多くなること）気味に払い打ちます。

アドレスではふだんよりボールを2個分ほど右に置き、フェースは開かずスクエアにセットします。開くとラフに絡むので絶

打ち方のPoint

Point 1　直接ボールを打って力を伝える
Point 2　コックだけ使って横から当てる
Point 3　フォローはとらない意識でOK

対開かない。ボールの位置が変わるだけで、そのほかはグリーン周りと同じように構えればＯＫです。

注意点は打ち込まないこと。ボールが右にあると打ち込む感じになりますが、コックを使ってボールだけ払うようにするとハーフトップが打てます。大きなフォロースイングはいりません。

フェースの芯に当てようとするとダフったり噛んだりします。ダフりは論外ですが、ちょっと噛んでも全然飛ばなくなるのでハーフトップでいいのです。

ちなみにボールが深く沈んだ逆目はプロでも難しくギャンブルショットになりますが、そこまでの逆目はないのでハーフトップを打つことだけ考えればいいと思います。

構え方のPoint

Point 1 グリーン周りのピッチ＆ランと同じ
Point 2 ボールの位置は２個分右寄り
Point 3 手の位置が左太もも前のハンドファースト
Point 4 ７：３か６：４の左足体重

Menu 3

傾斜からのアプローチ

ベーシックなアドレスで臨めば傾斜は怖くない

傾斜からのアプローチは多岐にわたりますが、大きく分けると、左足上がり、左足下がり、つま先上がり、つま先下がりの４パターンです。

状況によっては〝左足上がりのつま先上がり〟といったように傾斜が複合することもありますが、４つのパターンを覚えておけば応用がきくのでここでは大前提となる４パターンについて構え方と打ち方を紹介します。

欧米式アプローチのベーシックテクニックを用いれば、傾斜からのアプローチで起こりがちなミスの呪縛からはすぐに解放されます。なぜならどのライも、ＰＡＲＴ２の基本となるグリーン周りのアプローチでお伝えしたように、スタンスを狭めてオープンに立ち、下半身を固定して手と腕を使って打てばいいから。異なるのはアドレスの体勢とボールの位置くらいです。

ここではグリーン周りの短いアプローチで、ピッチ＆ランでグリーンに着弾させる前提で話を進めます。

どんな傾斜でもスタンスを狭めてオープンに立ち、下半身を固定して手と腕だけを使って打てば克服できる

Case 1 左足下がり

クラブの上げ下ろしだけでボールを弾く

タイガー・ウッズが90年代によく使いPGAツアーで一般的になった打ち方です。

まずスタンス幅をボール1個分にして体を動かしづらくします。ボールの位置は右足の外側で右足親指前よりボール6個分くらい右にします。

クラブのロフトは少し立ち、やや低く強めのボールが出るセットアップになりますが、グリ

フェースを開いて構えれば
ボールが上がって止まる

構え方のPoint

Point 1　傾斜なりではなく、地球に垂直に構える
Point 2　ボール6個分右に置く
Point 3　手の位置は右太ももの前

ップ位置を右太ももの前あたりにすることで過度に低く強い球が出るのを防げます。

次に打ち方ですが、テークバックする右サイドが高いので手首のコックを使ってクラブヘッドを上げます。それができたら、あとはアドレスでヘッドがあった位置に再び下ろすだけ。クラブの上げ下ろしだけでボールを弾く感じです。

必然的に大きなフォローはとれませんがそれでOK。インパクト直後はハンドファーストですがフォローは傾斜に沿って低く小さく出すようにしましょう。

打ち方のPoint

Point 1　コックを使い鋭角に上げて下ろす

Point 2　ハンドファーストで短く振り抜く

Case 2 左足上がり

ハンドファーストのまま小さくフォローを出す

まずは左足に体重を乗せ傾斜に逆らって立ちます。こうすると傾斜を感じづらくなります。傾斜なりに構えると体が余計に動いてしまいますが逆らうとこれを未然に防げます。ボ

構え方のPoint

Point 1　地球に垂直に構える
Point 2　ボール３個分右に置く
Point 3　手の位置は左内ももの前

ールの位置はグリーン周りのアプローチよりボール3個分、右。手の位置が左太ももの内側前にきてハンドファーストに。体重配分など体のバランスは打ち終わるまでこのままです。

打ち方のポイントはコックを使うこと。アドレスのポジションからコックを使ってクラブヘッドを鋭角に上げ下ろし、アドレスを再現したところがインパクトになります。体は自然に動くことはあっても意図的に動かすことはありません。打っていく方向が高いので傾斜にぶつけてフォロースイングは小さく。フォローでもハンドファーストを崩さないイメージで打ちましょう。

打ち方のPoint

Point 1　コックを使い鋭角に上げて下ろす
Point 2　ハンドファーストで短く振り抜く

構え方のPoint

Point 1　ボールに近く立つ
Point 2　膝・腰を曲げてかがむ
Point 3　ボールを１個分右に

体重移動や体の回転を極力抑えて打つ

ボール位置が低く遠いので、ボールに近づき、膝を曲げ、腰をかがめて重心を低くします。

体の動きも極力抑えたいですから、スタンスは広げずボール１個分の広さにしましょう。ボールの位置はボール１個分右寄りです。

打つときにはバランスを保ちたいので体重移動や体の回転を極力抑えます。そのためにもいつもよりコックを使い、手と腕でコンパクトに振りましょう。傾斜が強いほどバックスイングでクラブをア

打ち方のPoint

Point 1　コックを使い鋭角に上げて下ろす
Point 2　ハンドファーストで短く振り抜く
Point 3　傾斜が強いほど少し縦に振ると打ちやすい

ップライト（地面に対してスイングプレーンが鋭角になる）に上げます。

あとはハンドファーストで振り抜く。ヘッドを低く出し、フォロースイングは小さくてOKです。フォローが大きくなると払い打ちになり体が動きすぎるので注意してください。

ボールが右寄りなのでヘッドが最下点の手前でボールに当たりダウンブローになります。

Case 4 つま先上がり

傾斜に沿ってやや横振りのイメージをもつ

ボールの位置が高い分、体に近づくので少しクラブを短く持ちます。自分も少しボールに近づきますが、その際は上体を起こしてボールとの距離をアジャストしてください。ボール

構え方のPoint

Point 1　ボールから離れて立つ
Point 2　上体を少し起こす
Point 3　ボールを１個分右に

の位置はグリーン周りのアプローチよりボール１個分右。ほかはグリーン周りのアプローチと同様に構えればＯＫです。

打つときは体をほぼ動かさず、コックを中心にスイングします。すなわちテークバックで早めにコックを入れてクラブを鋭角に上げ、アドレスの位置に戻すイメージでインパクト。ややハンドファーストでインパクトしたらその形をキープして短く振り抜きます。クラブは鋭角に上げ下ろしますが、テークバックとフォロースイングでは傾斜に沿ってやや横に振る感じです。

打ち方のPoint

Point 1　コックを使い鋭角に上げて下ろす
Point 2　ハンドファーストで短く振り抜く
Point 3　傾斜が強いほど少し横に振ると打ちやすい

早めにコックを使い、傾斜なりに斜めに振る

こんなに違う!?　英語のラウンド用語

日本ではアプローチが寄ったときに「ナイス・アプローチ！」といいますが、英語ではこの手のかけ声に「アプローチ」というワードは使いません。アメリカではアプローチはグリーンを狙うショット。５番アイアンでもグリーンに向かって打てばアプローチショットです。日本でいうところのアプローチが寄ったときは「グッド・チップ！」。カップインギリギリなら「グレート・チップ！」とか、シンプルに「グッド・ワン！」などといいます。

こう見ると「ナイス」という言葉もほとんど使わないことに気づきます。「ナイス・アウト！」ではなく「グッド・アウト！」。ナイスは言葉にソフトなニュアンスが漂うせいか、もっぱら女性が使っています。

寄せワンは「アップ・アンド・ダウン」。１回でアップして１回でダウンする、すなわち１打で寄せて１打でカップに沈めるということです。また、パットがカップからワングリップ以内に寄った場合、日本では「OK」を出しますが、アメリカでそのまま使うと「え、なに？」という感じになります。コンシード（承認）するときは「ザッツ・グッド」、もしくは「アイ・ギブ・ユー・ザット」といえば完璧です。「ザッツ・グッド」のグッドには「イナフ」の意味が込められています。正確にいうと「ザッツ・グッド・イナフ！」。「もう打たなくても十分だよ」ということです。

PART
6

ラウンドで困ったときの対処法

〜実戦で役立つアプローチテクニック〜

Menu 1

パターのアプローチ

パットの構えと距離感で打てば絶対に乗る

ウエッジでダフりやトップを繰り返したり、調子が悪くて寄らないときは、パターを使ってもOK。ウエッジに比べて打ち損じづらいので確実にグリーンに乗せることができます。パターでアプローチする場合の条件は、まずボールが浮いていること。3分の1が芝に沈んでいたらアウトです。

次にグリーンエッジまでの距離は原則2ヤード以内。この距離ならボールがスキップしてから滑るようにグリーンまで転がります。傾斜は下りがベストですが平らでも問題なし。上りは芝に食われやすく距離感が出づらくなります。

構え方と打ち方はパットと同じで、振り幅で距離感を出します。普段よりインパクトを強くすると次のパットの感覚が狂うので注意してください。打つ前にはグリーン上のラインを読んでボールの転がりをイメージして打ち出し方向を決定しましょう。

グリーンエッジまでの距離が２ヤード以内程度ならとても有効

グリーン上のパッティングと同じように振り幅の大きさで距離感を出す

Menu 2

フェアウェイウッドやユーティリティのアプローチ

クラブを短く握りパットと同じように打つ

パターで打てる条件をほぼ満たしているのに、ボールからグリーンまでの距離が微妙に長くてボールがスキップせずに食われすぎるときがあります。「パターで打ったが芝に食われて大ショートした」といった経験はみなさんもおもちでしょう。

そんなときはフェアウェイウッドやユーティリティを使って寄せるのがおすすめです。パターよりロフト角が大きく、フェースの反発力も大きいので、小さな振り幅で打っても強めの球が出る。そのため芝の抵抗に負けることなく転がってくれるのです。

構え方と打ち方はパッティングと同じです。長いクラブでボールの近くに立ちますからグリップはかなり短く握ることになります。グリップの握り方はパットと同じにしましょう。パターほど近くには構えられませんが、少し離れて構えてもパットと同じイメージで振ってください。振り幅は左右均等です。

ボールの近くに立ちたいのでグリップは短く握る

振り幅は左右対称。フェースの反発力が大きいので小さい振り幅でもよく転がる

Menu 3

ボールのライが悪いときは低い球の打ち方

悪いライから打つときはボールを右に置く

ディボット跡や芝のないベアグラウンド、あるいは芝が薄くて地肌が見えているようなライから普通に打ったときに、ソールが地面に弾かれてトップしたりヘッドを上から入れてザックリした方もおられるでしょう。

このようなライはボールを右に置いて打つことで対処できます。アドレスと打ち方は１２０ページで紹介したバンプ＆ランと同じ。右に置いたボールを普通に打つと、オートマチックにヘッドが上から入ってダフりやトップを防げます。

ライが悪くて打ちづらいときには、ほとんどこのセッ

ディボット跡にあるボール

ライが悪い状況ではボールを１～２個分右に置くのが鉄則

トアップで対応できます。林から脱出する際には低いボールを打つ必要がありますが、そんなときでもOK。右に置いているので低い球が出ます。「悪いライではボールを右に置く」と覚えておきましょう。ただし、球が低く出て転がりやすいのでターゲットはデッドに狙わず手前から転がして寄せましょう。

ボールの左側を打つイメージでスイングする

右に置いたボールを打つとオートマチックにヘッドが上から入ってダフリ、トップを防げる

Menu 4

高さの打ち分け

ボールの位置を変えるだけで高さを打ち分けられる

前項ではライが悪い状況での対処法を紹介しましたが、ボールを右に置くことは、いいかえれば低い球を打つということ。それとは反対にボールの位置とフェースの開き具合を変えることで高いボールを打つこともできます。

基本となるグリーン周りのアプローチではボールポジションが右足親指の前ですが、これを左寄りにするだけで打球の高さが変わり

ボールが真ん中から左（写真左）なら高め、右（写真右）なら低い球が打てる

ます。両足の真ん中から、さらに左に寄せることで段階的に高さが変わるのです。

フェースを開くほど高く上がる

フェースを開いて打つことでも高い球になります。ボールの位置とフェースの開き方を組み合わせることで、さらに高い球が打てるというわけです。もちろんロフト角の大きいクラブに替えても構いません。

ただし、高い球は飛距離が出ませんから、それを考慮してボール位置やフェースの開き具合を変えなければいけません。

また、大きく振っても上がるだけなのでセットアップとキャリーの関係を把握しておきましょう。

ボール位置とフェースの開き方の組み合わせでさらに高い球が打てる

Menu 5

ザックリやトップが出たら？

ハンドファーストと左足体重が崩れていないかチェック

ザックリやトップの主因はダウンスイングでコックがほどけハンドレートのインパクトになること。右足体重が重なると決定的でザックリもトップも出ます。

対策はボール位置を2個分ほど右に置き、9：1くらいの左足体重にしてクラブフェースを上からボールにぶつけるように打つこと。ダウンスイングからインパクトで左手の甲をボールにぶつけるつもりで下ろすのも効果的です。

また、左右の手を入れ替えて握るクロスハンドグリップで打つと左手首が甲側に折れづらくなって有効です。ボールに当たるか不安なら素振りだけでもＯＫ。アドレスしたら目線をボールからズラし、ボールの左端を見たまま打つのもいいでしょう。

ザックリはボールに近づきすぎ、トップは離れすぎている可能性もあるので、ボールとの距離もチェックしてください。

トップだけを直したいならボールを極端に右に置き、左目でボールを見たまま打つ。顔が左向きのままになるので上体が起きず鋭角に打ち込めます。

対策① 左手の甲をボールにぶつけるイメージで打つ

左手首のコックが早くほどけるとインパクトでハンドレートになります。左手の甲をボールに向けたままインパクトに向かうイメージをもつとこれが防げます。

左手の甲をボールにぶつけるイメージでダウンスイングすると手首が早くほどけるアーリーリリースにならずハンドファーストで打てる

左右両手を入れ替えて握る

対策② クロスハンドグリップで打つ

左右両手を入れ替え、右手が上、左手が下にくるように握って打つと手首の使用が抑えられハンドファーストのインパクトになります。慣れると練習のみならず実戦でも使えるテクニックです。

勝手にハンドファーストになる

対策③ 左目でボールを見て打つ

インパクトで上体が起きたり突っ込むのもダフりやトップの原因。両方とも頭が大きく上下します。アドレスから左目でボールを見たまま打つと頭が動かず上体の浮き沈みも抑えられてダフり、トップを防げます。

打ったあとも左目でボールのあったところを見続ける

対策④ ボールから離れてザックリを防ぐ

前傾が深いとボールとの距離が近くなり、かつ当てにいくとザックリに。ボールから離れて上体を起こして棒立ち気味に構えましょう。

前傾が深いとザックリしやすい

上体を起こして立ち気味にアドレス

対策⑤ 左足一本で立って打つ

左足体重を意識するには左足一本で立つのがおすすめ。バランスがとれなければ右足を後ろに引き、つま先立ちにして打ちます。フィニッシュまで極端な左足体重をキープできればダフり、トップは減っていきます。

右足を後ろに引いてつま先だけ地面につける

体重が終始左足に乗る

対策⑥ つま先体重で構えトップをなくす

アドレスでボールから離れて棒立ち気味だとトップになりやすいので、ボールに近づき膝を曲げる、もしくはつま先体重でアドレスしてみましょう。

ボールから離れてかかと体重になるとトップしやすい

近づく、もしくはつま先体重にする

対策⑦ 打ったあと右足を一歩踏み出す

30〜50ヤードのアプローチでダフる場合は、打ったあと、目標方向に右足を踏み出して歩きはじめるように動くとスムーズにスイングできます。

打ったら目標方向に歩く

Menu 6

突然出るシャンクの対処法

シャンクしたらフェースを閉じる!

インパクトでボールが右方向に飛ぶシャンクはおおむね、ダウンスイングで手元が先行してヘッドが遅れ、開いて下りたフェースのネック側でヒットすると起こります。

おすすめの対策は打ち出しから左方向へ飛んでいくヒッカケを打つこと。フェースを閉じてグリップしたら、右足をやや後ろに引いてクローズスタンスで立ち、ヒッカケを打ちます。荒療治ですがボールがつかまれば直るので目標の右を向きフェースを閉じて打ちま

とにかくフェースを閉じてインパクト

フェースが開いてヒール側に当たるとシャンクする

しょう。

ストロンググリップ（左手は上からかぶせ、右手を下から添える）も原因の一つ。そのままだとフェースが返らないのでスクエアもしくは極端なウィークグリップ（左手親指がグリップの真上になる）にするとフェースターンが促されます。

右足をやや後ろに引いてクローズスタンスで立ち、ヒッカケを打つイメージ

コラム 5 レッスンの表現は英語のほうがわかりやすい1

英語で受けたレッスンを日本語にするのは細かいニュアンスや真意が伝わりづらい難しい作業。そこでポイントのいくつかを英語でもご紹介。まずはアプローチ編です。

●スタンスを狭くして体重移動を抑える
"Narrow stance & limit your weight shift."

●ハンドファーストの形を保つ＝手をボールの前に保つ
"Keep your hands front of the ball."

●インパクト前後で手首をこねない
"Don't break your wrists through the impact."

●左右対称の振り子運動
"Left-right symmetry & pendulum motion."

●左手甲をボールにぶつけるようにボールを打つ
"Hit a golf ball with back of the left hand."

●ラフからは1インチ（約3センチ）手前を打つ
"From the rough, hit 1 inch behind the ball."

●体重を常に左足に乗せておく
"Keep your weight on your left foot all the time."

●素晴らしい寄せワンでしたね
"That was a beautiful Up & Down."

●ナイスタッチ！　OKです　"Good Speed. That's good.

●これは超難しいライですね　"This is a nasty lie."

●軽く乗せちゃって〜　"knock it on!!"

PART 7

バンカーショットの基本

～グリーン周りのガードバンカーからのショット～

Menu

グリーン周りのガードバンカー

バンカーショットはアプローチの延長

手と腕を使ってクラブをコントロール

このPARTではショートゲームを攻略するうえで大事な要素の一つとなるバンカーショットについて解説していきます。

一口にバンカーショットといっても細かく見ればその状況は千差万別。砂質や砂の種類、ボールのライ、傾斜、アゴの高さ（バンカーの深さ）、ピンまでの距離などが毎回変わります。いうまでもなく、すべての状況について解説するのは不可能です。

ということで、ここではボールが砂の上に乗ったフラットなライで、アゴの高さは1・5メートル以下。アゴから適度に距離があるところからキャリーで10ヤード打つことを前提にバンカーショットの基本的な構え方と打ち方を紹介します。

バンカーショットとはいうものの、ショットとは別物でアプローチの延長です。つまりアクティブに体の回転を使うのではなく、手と腕だけでクラブをコントロールすることがショットを成功させるポイントになります。

キャリー10ヤードはアプローチ40ヤードの振り幅

アプローチとちょっと違うのは、必ずボールを上げなければいけないこと。また、芝の上ではなく砂の上にボールがあること。さらに、ボールを直接ヒットせず砂を打つこと。砂が飛ぶ勢いを使ってボールを飛ばす＝砂もろともボールを飛ばすのが「The アプローチ」のバンカーショットです。

ショットとは別物でアプローチの延長と考えてください。セットアップと打ち方は変えますが、振り幅とヘッドスピードは長いアプローチの延長です。

ボールを直接打ちませんから振り幅と飛距離の関係も大きく変わります。キャリーで10ヤード飛ばすとしたら、男性では40ヤード、女性なら50ヤードのアプローチと、振り幅とヘッドスピードがほぼ同じになります。いかなるバンカーショットも、近くにあるターゲットに対して普段より大きなスイングで臨むことが大前提になります。

グリーン周りのガードバンカー　構え方

Point ❶ バウンスを使えるようクラブフェースを大きく開いて（約30度）グリップ

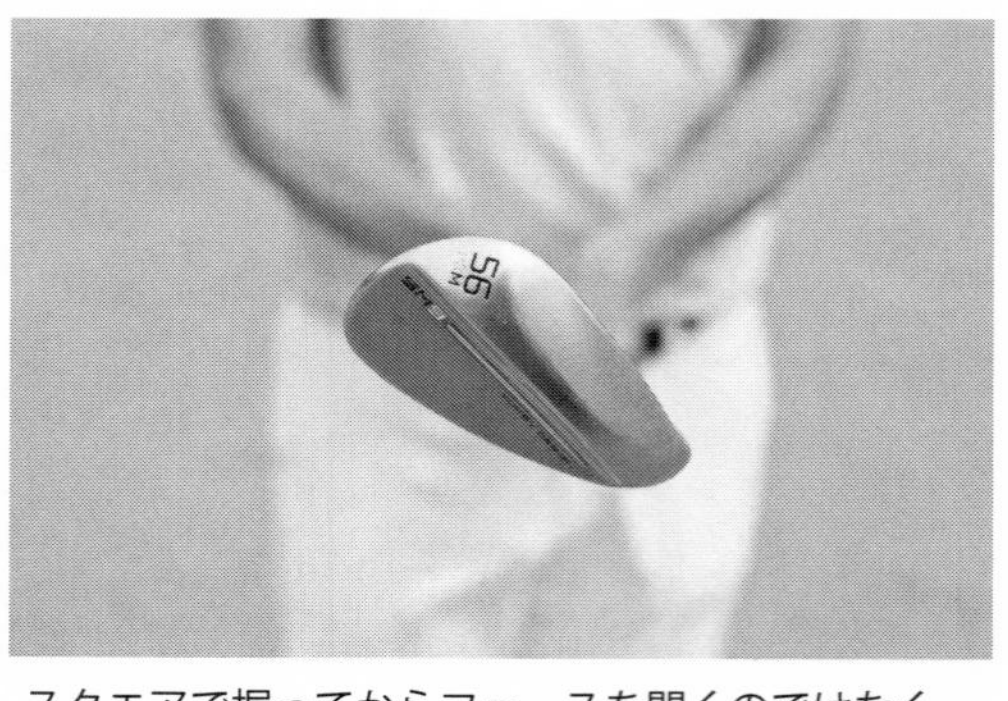

スクエアで握ってからフェースを開くのではなく、30度開いた状態でグリップする

まずフェースを約30度開いてからクラブを持ちます。スクエアな状態からリーディングエッジを右に向け、トゥを時計の1時の方向に向けてからグリップしましょう。フェースを開くとクラブのバウンスが使えるし、打球も上がります。バウンスとはSWのソールについた出っ張りのこと。フェースを開いて打つと、インパクトでバウンスから砂に当たるためヘッドが砂に刺さりません。打ち込んだヘッドが砂の浅い所を滑る感じになり砂の抵抗を受けながらもヘッドがスムーズに動きます。スクエアに持ってからフェースを開くとインパクトでスクエアに戻ってしまいバウンスが使えません。

Point ❷ 広いスタンスで重心を低くする

スタンス幅は広くとります。個々人で違ってくるのでフェアウェイウッドのスタンス幅を目安にしてください。広くするのは重心を下げたいから。バウンスを使うには手を下げて（ハンドダウン）構えたいのですが、幅広スタンスで重心を下げれば自然とそうなります。逆にスタンス幅が狭くて棒立ちになってしまうとまったくバウンスが使えません。

重心を下げるには膝を曲げて腰を落とします。前傾角度を維持して足を開き、膝を曲げて腰も落とす、といった手順です。

フェアウェイウッドのスタンス幅を目安に広げ重心を下げる

足を埋めすぎるとボールとの段差が大きくなるので安定させる程度でOK

Point ❸
つま先、膝、腰はオープン。肩のラインはスクエア

アプローチと同様にオープンスタンスにします。スタンスラインはボールと目標を結ぶターゲットラインに対して15度オープンですが、肩のラインはターゲットラインに対してスクエアです。

こうするとクラブフェースはターゲットよりも右を向きます。

そのまま打つと右へ飛ぶ感じがしますが、しっかりリリースできれば真っすぐ飛びます。

スタンスラインは15度オープン。ボール位置は真ん中よりボール１～２個分左寄り

Point ❹ ボールの位置は真ん中より左

ボールの位置は真ん中よりもボール1～2個分左寄りにします。バウンスを生かしつつクラブヘッドをボールの下に潜らせたいからです。

バンカーショットはボールの5センチ手前に打ち込みます。直接ボールを打ってしまうトップのミスを減らすためにもボールは必ず真ん中より左に置いてください。

それと同時にロフト角が大きくなりフェースが上を向くのでボールが上がります。そのぶんボールが高く上がります。また、ボールを左に置いて打つことでうまく砂を取ることができます。

構えるç手順とアドレスの完成

繰り返しになりますが、参考までに基本的なバンカーショットの構え方を手順を追って紹介しておきます。

① 30度フェースを開いた状態でクラブを持つ。

② 両足を揃えボールとターゲットを結ぶターゲットラインに対して肩のラインはスクエアに立つ。

③ スタンス幅を広げながら下半身を15度オープンに。肩のラインはスクエアなまま。

④ スタンスをとりながらボールポジションを合わせる。ボールが真ん中より1～2個分左になればいいですが、左足よりも右足を広げていくとボール位置が自然と左に寄ります。同時に膝を曲げて腰を落として重心を下げハンドダウンに構える。この時点でフェースがターゲットの右を向いています。

⑤ 6割左足体重にしてアドレスを完成させる。

フェースはターゲットの右を向く

下半身はオープンだが肩のラインはスクエア

グリーン周りのガードバンカー　打ち方

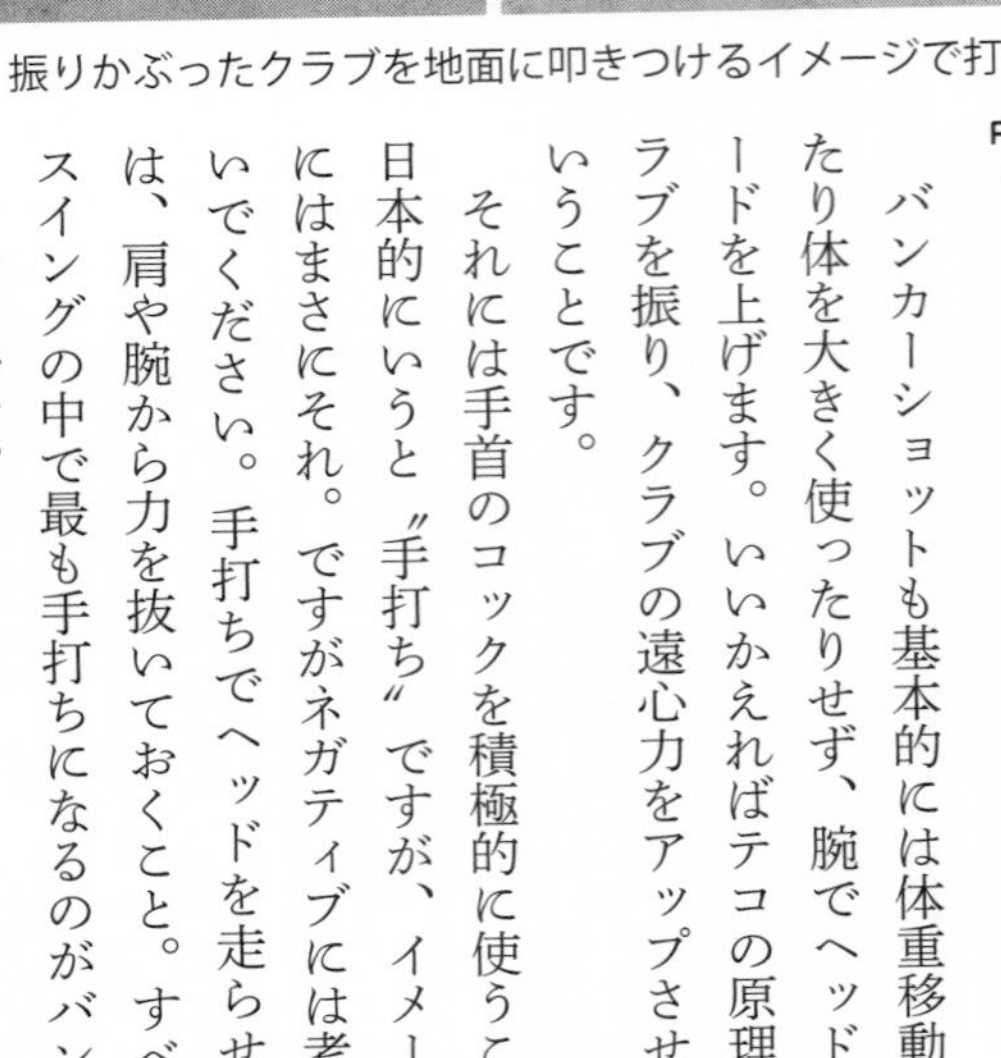
振りかぶったクラブを地面に叩きつけるイメージで打つ

Point ❶ テコの原理と遠心力を最大限に使う

バンカーショットも基本的には体重移動をしたり体を大きく使ったりせず、腕でヘッドスピードを上げます。いいかえればテコの原理でクラブを振り、クラブの遠心力をアップさせるということです。

それには手首のコックを積極的に使うこと。日本的にいうと〝手打ち〟ですが、イメージ的にはまさにそれ。ですがネガティブには考えないでください。手打ちでヘッドを走らせるには、肩や腕から力を抜いておくこと。すべてのスイングの中で最も手打ちになるのがバンカーショットです。

グリップはアプローチと同様に3割程度のプレッシャー。腕はピンと張らず両肘が軽く曲がる

Point 2 ゆるゆるグリップ＝グリッププレッシャーは2〜3割

テコの原理を使ってスイングし、ヘッドの遠心力をアップさせる条件の一つが〝ゆるゆるグリップ〟です。

アドレスの時点での握りの強さはギュッと握った状態が10割だとすればその2〜3割程度。打つ前には必ずグリッププレッシャーを緩めましょう。

インパクトでは誰しも無意識に少し強く握りますから2〜3割のプレッシャーでOKなのです。

ちなみに私は常に3割以上の強さでは握らないようにしています。できればスイング中も3割をキープしたいところです。

バンカーショットもフェースを返しながら打つ

Point 3 フェースをしっかり返す＝フェースを返してヘッドを走らせる

プロは無意識にやっているため口にしませんが、バンカーショットではフェースを返しながら打っています。アドレスでフェースが大きく開き、ターゲットの右を向いていますから、そのまま振っても飛びませんし右に飛びやすい。ヘッドを加速させる意味でもフェースを返さないといけないのです。

ただし、意図的に返さなくても右に飛んでいない人は返さなくても構いません。そのまま打ったら右に飛ぶことが感覚的にわかっていて無意識に返せているからです。

コックを使うとバックスイングとフォロースイングでクラブが立つ

Point ❹ コックを意識。トップとフィニッシュでクラブを立てる

ゆるゆるグリップで腕を振ると手首のコックを積極的に使えるのでバックスイングでクラブが立ちます。立たなければテークバックで早めにコックしても構いません。これができたら左右対称にクラブが立つよう、フィニッシュに向かってもクラブを立てていきます。

こうなるとインパクト前後でヘッドスピードが上がり、テコの原理と遠心力を最大限使えます。ボールを直接打たないので狙いはボールの5センチほど手前。そこにバウンスを落とすイメージで上から砂を叩きます。バックスイングでクラブが立ってもフォロースイングで立たないと遠心力が最大限には使えません。

手首のコックを積極的に使って砂に打ち込む。３割程度のグリッププレッシャーで握り、腕や肩から力が抜けるとテコの原理を使えてヘッドの遠心力をアップできる

テコの原理でクラブを振り遠心力をアップさせる

コックを積極的に使うとバックスイングでクラブが立つ瞬間がある。クラブを立てるようにテークバックで早めにコックしてもOK 。スイングは左右対称なのでフォロースイング側でもクラブが立つ瞬間が訪れる

バックスイングとフォローでクラブが立つ

バウンスを砂の面に叩きつけるとボール１個分くらいの深さにヘッドが入る

Point 1 バウンスを上手に使い、砂と一緒にボールを飛ばす

バウンスはＳＷのソールからバックフェース寄りにある出っぱり部分のことで、この部分を砂の面に叩きつける感じで打つのがバンカーショット。こうするとボール1個分くらいの深さにヘッドが入り、適量の砂を取りつつバウンスが滑ります。

結果的にボール前後の5センチくらいの砂もろともボールが飛ぶメカニズム。これをやりやすくするためＳＷはバウンスを大きめにしてありますが、フェースを開くことでより有効にバウンスを利用できます。

バウンスを使わないとリーディングエッジから砂に入っていきます。砂を深く掘るだけになってボールに勢いが伝わらずチョロにしかならない打ち方になってしまいます。

ハンマーは肘と手首を折って動かしヘッドの重さで叩く。スイングでも右斜め上から下に向かって同じように動く

Point ❷ 手と腕の力を抜いてヘッドの重さを感じハンマー打法を意識する

バンカーショットは、より一層テコの原理と、それによって発生する遠心力を使うことが大事です。これはハンマーで釘を打つときと同じ動き。写真のように肘と手首を折ってハンマーを動かし、最後にヘッドの重さでポンと叩きます。

ハンマーはおおむね上から打ち下ろしますが、スイングでは右斜め上から下に向かって打ちます。

極端にいえばバンカーショットはハンマー打法だけで打ちたいくらい。アマチュアの方は、体が大きく動いてしまうほど成功率が下がります。そもそもハンマーを使う感じをもてない方が多いのでスイング中に感じられるようになってください。これはバンカーでなくても練習できます。クラブを緩く持って上から芝をポンと叩くだけです。

ボールと一緒に砂も遠くに飛ばす

Point ❸ ボールではなく砂を遠くに飛ばす意識をもつ

バンカーショットはバンカーの外に砂を飛ばせないとボールは飛ばないと思ってください。アマチュアの方はボールばかり見ているせいか砂が飛びません。

そもそもボールを打たないショットですから、ボールだけを見ないでボールとその周りの砂を漠然と見る感じでアドレスする。それでもまだ砂が十分に飛ばなければ、ボールの5センチほど手前の砂地を見てそこにクラブヘッドを落とし、フェース面に乗った砂をターゲット方向に飛ばすイメージでスイングしてください。結果的にボールも飛んでいるはずです。こうしてボールが勝手に飛ぶことがわかれば、否が応でも砂は飛ぶようになるでしょう。

PART 8

バンカーの攻略ポイント

～打ち込む位置、深さ、勢いのイメージング～

打ち込む位置、深さ、勢いが成功のカギ

バンカー練習の効果を高める知識を身につける

アマチュアゴルファーがバンカーショットを苦手とするいちばんの原因は経験不足。これはオブラートに包んだいい方で、正確には練習不足です。練習場の打席でできる練習法もないわけではありませんが、バンカーで練習する以上の効果は見込めませんし、役立つとしても身につく早さには雲泥の差。うまくなりたければ練習量を増やすこと。また、同じ練習をするなら、バンカー練習場があるレンジ（打ちっぱなし練習場）に行くくらいの意気込みが欲しいところです。

練習にしろ実戦にしろ、気をつけておくことで上達を早めたり、すぐに結果に反映されることがあります。このＰＡＲＴでは、そういったバンカーショットならではの攻略ポイントを紹介していきます。

意識すべきポイントの一つはヘッドを落とす位置です。バンカーではボールを直接打ちませんから必然的にボールの手前にヘッドを入れますが、具体的にはどの程度手前が適切なのか、また、ヘッドの位置が遠かったり近かったりするとどうなるのか？ をイメージすることが重要になります。

「どれくらい深く打つか」と考えるのはバンカーショットだけ

芝の上にあるボールを打つ場合には、どれくらい深く打つか、とは考えません。バンカーショットならではの発想ですが、それゆえ打ち込む深さをイメージすることで成功に導ける可能性が高まります。もちろん、適正な深さで打ち込むにはそれなりの勢いも必要です。適正な勢いでちょうどいい深さにヘッドを潜らせれば簡単にボールが出るわけです。

さらに打ち込む位置や深さは、インパクトに向かうヘッドの入射角によって変わります。入射角はダウンスイング時のリリースのタイミング、つまり手首のコックがほどけるタイミングによって変わってきます。ということは、バンカーショットは基本、テコの原理でクラブヘッドにかかる遠心力を使って打たなければいけないことがわかります。

このＰＡＲＴの目的は、スムーズにバンカーから脱出するために必要なこれらのファクターを、できる限り可視化してみなさんのイメージ作りに役立てていただくことです。

ボールの５センチ手前に打ち込む

Point ❶ 打ち込む位置はボールの5センチ手前が目安

フェースを30度に開いてグリップ。バウンスが使えるようにしたら、写真のようにフェースの真ん中部分のリーディングエッジがボールの5センチほど手前にくるようにヘッドをセットします。開いているぶんフェースはターゲットの右を向きます。ハザード（障害区域）なのでソールしてはいけないことはいうまでもありません。

打ち込む位置もヘッドをセットしたポジション、すなわちボールの5センチ手前です。ヒール側から下ろすようにハンマー打法のイメージで右斜め上からヘッドを落とすと、強く叩き込んでもバウンスが効いてヘッドが砂に突き刺さりません。ただ、5センチ手前はあくまで目安なので、近づけたり遠ざけたりして適正な打ち込み位置を探ってください。

ほどくタイミングが早いとダフりすぎて10〜15センチ手前に入る

ほどくタイミングが遅いとトップして０〜２センチ手前に入る

Point 2 コックがほどける位置で打ち込む位置が変わる

打ち込む位置がボールに近づいたり遠のいたりするおもな原因は、ダウンスイングで手首のコックがほどけるタイミングが変わるからです。

コックがほどけるタイミングが早すぎるとヘッドの落ちる位置が手前すぎて10センチから、ときには15センチも手前に入ってしまいます。こうなるとダフってボールは出ません。

逆にコックがほどけるタイミングが遅いとリーディングエッジが直接ボールに当たったり、ヘッドの入り位置がボールの2センチほど手前になってトップになります。前者の場合は、いわゆるホームランになってとんでもなく飛んでしまいます。

ボールの手前を打ってダフりすぎる人はボールの左側（先）でクラブをさばくイメージでスイング

Point ❸ ダフる人はインパクト〜フォローを意識

ダウンスイングでコックがほどけるタイミングが早くなってヘッドがボールのはるか手前に入る傾向のある人は、自分でボールを上げようとして下からすくい上げるスイングになっている可能性があります。上げようとすることでヘッドが早く落ちてしまうのです。

この傾向の人は右サイド、すなわちダウンスイングからインパクトにスイングのメインステージがありますから、それを左サイドに移し左サイドでクラブをさばくイメージでスイングしましょう。ボールの左側、つまりインパクトからフォローでヘッドを走らせるイメージでスイングするわけです。こうするとコックがほどけるタイミングが遅れてヘッドが早く落ちるのを防げます。

ボールを直接打ってトップする人は、ボールの右側（手前）でクラブをさばくイメージでスイング

Point 4 トップする人はダウンスイング〜インパクトを意識

ダウンスイングでコックがほどけるタイミングが遅くなりトップやホームランが出る場合、ヘッドアップして上体が起きたり、体全体が伸び上がりながら打っている可能性があります。いいかえるとダウンスイングからインパクトがおろそかになっています。

この傾向の人はスイングの左サイドにあたるインパクト以降にメインステージがありますから、それを右サイドに移し、右でクラブをさばくイメージでスイングしましょう。ボールの右側、ダウンスイングからインパクトでヘッドを走らせるイメージをもち、このプロセスでテコの原理を使ってヘッドを下ろすのです。こうすればコックがほどけるタイミングが適切になり、いい位置にヘッドが落ちるようになります。

右から鋭角に深く入る、適正な角度で入る、緩やかに浅く入る入射角

Point ❺ 入射角によって打ち込む深さが変わる

バンカーショットでヘッドが砂に入る深さはダウンスイング時のクラブヘッドの入射角によって変化します。

上の写真はその違いを示したもので、砂に刺したスティックが入射角を表しています。右から順に鋭角に深く入る、真ん中は適正、左は緩やかに浅く入る入射角です。

ボールの5センチ手前の位置に打ち込んでも、鋭角に入ると砂が予定以上に多くとれて飛ばず、緩やかな角度で入ると砂があまりとれずに飛びすぎる可能性があります。

目安はボールの下、深さ４センチ（ボール１個分の深さ）程度

Point ❻ ボール1個分の深さに打つのが目安

普通に砂が入ったバンカーなら、ボール１個分くらいの深さにヘッドを打ち込むのが目安。深さに限っていえば、その程度ならうまく脱出できるでしょう。

クラブヘッドの入射角が鋭角になった場合はボール１個分よりも深くなり、緩やかになると浅くなります。

バンカーショットではもっぱら、打ち込む位置は意識しても深さはあまり意識しません。アマチュアの方は、どちらかというと強く打てずに出なかったり、ショートするパターンが多いですが、これはどれだけ深く打ち込めばいいかを意識していないから。バンカーからの脱出を考えた場合、ボール１個分の深さに打てればほぼＯＫですので深さを意識して打つようにしましょう。

コックをほどくタイミングが早いと０〜２センチと浅くなる

Point ❼ コックをほどくタイミングで深さが変わる

コックをほどくタイミングによってヘッドが入る位置が変わるのと同様に深さも変化します。ほどけるタイミングが早いとヘッドが手前に落ちる分、砂に深く潜らず、結果的にボールに対する入射角が緩やかになって、砂があまり飛ばないバンカーショットになりま

ダウンスイングでコックをほどくタイミングにより打ち込む深さが変わる

コックをほどくタイミングが遅いと7～10センチと深くなる

す。

コックがほどけるタイミングが遅いと入射角が鋭角になってヘッドが深く潜ります。勢いよくスイングできていれば砂がたくさん取れますが、逆に砂が取れすぎて抵抗が増え、ボールが飛ばないこともあります。

タイミングが早いと深さにして0～2センチほど、遅いと7～10センチにもなってしまいます。

ダウンスイングの打ち込むアングルを意識する＝コックをほどくタイミング

Point ❽ 振り幅の大きさに慣れて適正な勢いで打ち込む

アマチュアの方のバンカーショットは、おしなべて振り幅が小さく、ヘッドに十分なスピードがついていません。打つ距離に対してはるかに振り幅が大きいのがバンカーショット。大きく振るのが怖いのはわかりますが、これればかりは慣れていただくしかありません。

グリーン周りのガードバンカーから20ヤード以内の距離を打つとしたら、男性は40ヤード、女性なら50ヤードのアプローチを打つときのヘッドスピードが目安になると思います。距離の打ち分けについては次のPARTで紹介しますが、アプローチで40〜50ヤードキャリーさせる振り幅がバンカーショットのベーシックということになります。この振り幅で適正な位置にヘッドを落とせれば必要な勢いで打ち込めてスムーズに脱出できます。

もちろんその場合も手や腕を使い、テコの原理を利用してフェースをターンさせてヘッドスピードを上げることを忘れないようにしてください。

男性は40ヤード、女性は50ヤードのアプローチの振り幅とヘッドスピード

手、腕、コックだけでテコの原理を使いフェースを返してヘッドスピードを上げる

マスターのコツ

❶ 砂にマルを描き素振りで マルの中の砂だけを遠くへ飛ばす

練習場でもコースでも、バンカー練習場があったら時間は短くてもいいので積極的に練習してください。コツをつかめば必ず出るのがバンカー。一球でも多く打ったほうが勝ちです。

おすすめなのはボールを中心に半径5センチほどの円を砂の上に描き、円の中の砂が遠くに飛ぶように打つこと。ボールは意識せず、砂だけを飛ばすつもりで打てばボールが飛び出します。ボールを置かずに砂を遠くに飛ばすだけでも練習になります。

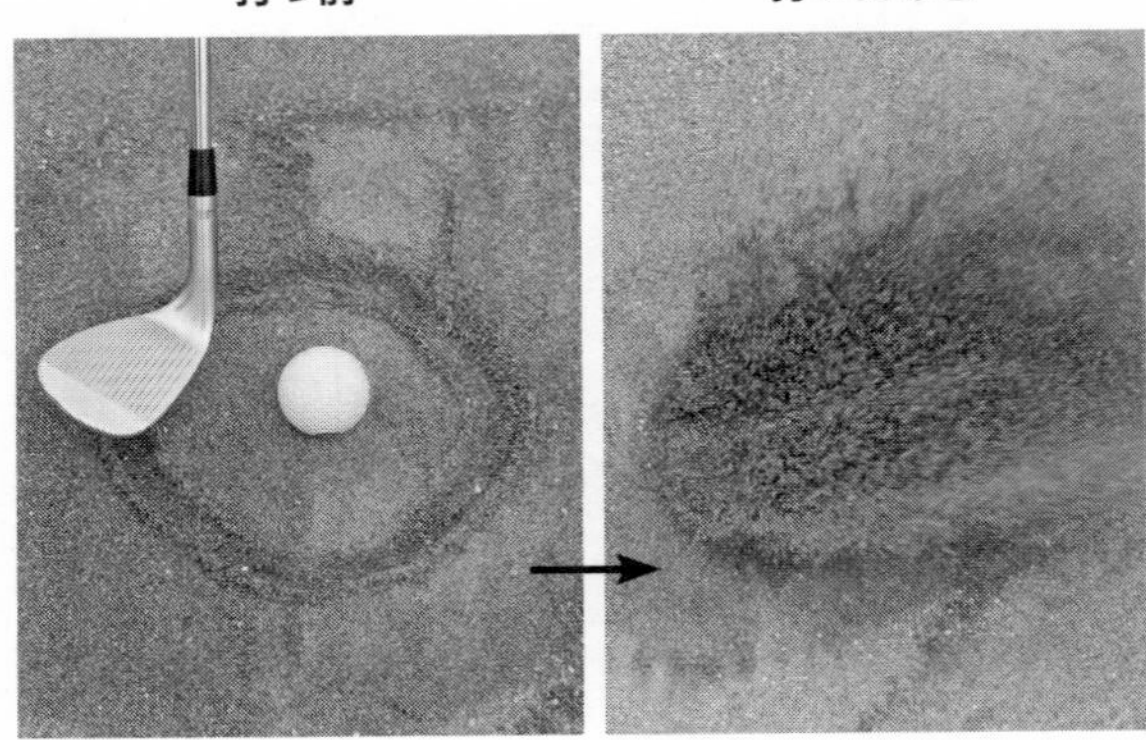

ボールを中心に半径５センチほどの円の中の砂をなるべく遠くに飛ばす

バンカーショットのセットアップでキャリー40ヤードのアプローチを打つ

❷ フェースを30度開いてマットの上から40ヤードのアプローチを打つ

バンカーショットはバンカーで練習するのが一番ですが、バンカーを想定した振り幅を把握し、そのスイングに慣れることは普段の練習でもできます。

やり方は簡単で、マットの上からバンカーショットのセットアップでキャリー40ヤードのアプローチを打つだけ。もちろん、こうして打った場合のキャリーの距離は30ヤードになっていなければいけません。

バンカーショットの振り幅を体に馴染ませることが目的ですが、同時に高い球で寄せる練習にもなり、アプローチのバリエーションが増えます。

コラム 6 レッスンの表現は英語のほうがわかりやすい2

本書で紹介している基本テクニックのポイントを英語で紹介するコラムの第2弾バンカー編。一発でバンカーから出ない人へのアドバイスです。

●砂をバンカーの外まで飛ばす
"Get sands out of the bunker !"
●テコと遠心力でヘッドスピードを上げる
"Use the leverage and the centrifugal force."
●極端に早く返してバウンスを目標方向に滑らせる
"Release the golf club extremely early and slide the bounce toward target."
●左足体重にして鋭角に打ち込む
"Put your weight on your left foot and hit down & steep."
●硬いバンカーはパンチショットのように打ちインパクトで止める
"From the firm bunker, hit just like a punch shot and stop at the impact."
●これはアゴが高い！
"That's a high lip."
●目玉のバンカーだ！
"That's a fried egg."

PART 9

バンカーショットの応用

～実戦で遭遇するさまざまな状況での対処法～

状況別バンカーショット

目玉のバンカー

構え方のPoint

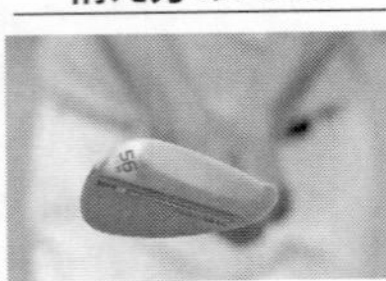

Point 1　フェースは極端に45度オープン

Point 2　ボールは１～２個分右寄り

Point 3　スタンス幅を極端に広く

Point 4　極端に左足体重８割

Case 1 目玉のバンカー

バウンスは使わず リーディングエッジを深く入れる

目玉のバンカーではフェースを大きく45度程度開いた状態でグリップします。通常のバンカーショットはバウンスを使うためにフェースを開きましたが、目玉の場合はボールを上げるために開きます。

打ち方のPoint

Point 1　手と腕だけでコックを使い超鋭角に上げて超鋭角に下ろす
Point 2　普段のバンカーショットよりも深く打ち込む（最大のテコの原理と遠心力）
Point 3　スリークォーターまで大きく上げる
Point 4　インパクト前に最大限に加速する
Point 5　少しフェースを返しながら短く止める

ボールの位置は真ん中より1〜2個分右寄り。スタンス幅を広くとって下半身を安定させましょう。傾斜がない状況では8割左足体重です。

打ち方のポイントは普通のバンカーよりもヘッドを深く入れること。テコの原理と遠心力を最大限に使うべく、積極的にコックを使い鋭角に上げて鋭角に下ろします。

また、バウンスは使わずリーディングエッジを入れるのもポイントです。

バックスイングは最低限スリークォーターまでしっかり上げ、インパクト前にヘッドスピードをマックスにする。下半身を安定させるため左膝は終始曲げたままにしておく。ヘッドが深く潜るのでフォロースイングは小さくなります。

Case 2 左足上がりで目玉のバンカー

構え方のPoint

Point 1　傾斜なりに右足体重９割
Point 2　ボールの位置は右かかと内側
Point 3　フェースを30〜45度開く

5センチ手前の斜面に力一杯打ち込む

左足上がりで目玉のバンカーショットでは傾斜に逆らって立ちます。ボールの位置は極端に右に寄せ、右かかとの内側あたり。体重は9〜10割で右足体重になり、左足は置いてあるだけの感じ。このライで普通に打つと左足が邪魔になるので、あらかじめ後ろに引いておきましょう。フェースは30〜45度開いておきます。

スイングで大事なのは斜面にヘッドをぶつけること。ボールが砂に沈んでいますから5センチ手前の斜面に力一杯深く打ち込みましょう。斜面に打ち込むのでフォローはとれませんがフェースはしっかり返してください。

打ち方のPoint

Point 1　コックを使い鋭角に上げて下ろす

Point 2　斜面に打ち込みながらフェースを返して短く止める

Case 3 左足下がりのバンカー

鋭角に上げて鋭角に下ろし低く短かくフォロースイングを

ボールが上がりづらいのですくい打ちになりがち。まずフェースを30～45度開いてグリップし傾斜なりに立ちます。上半身は傾斜に逆らい右肩を下げて左肩を上げます。こうすることでロフトを寝かせたまま傾斜なりに打ち込めて球が上がります。ボールの位置は真ん中より1～2個分右寄り。スタンスを開いて下半身を安定させましょう。

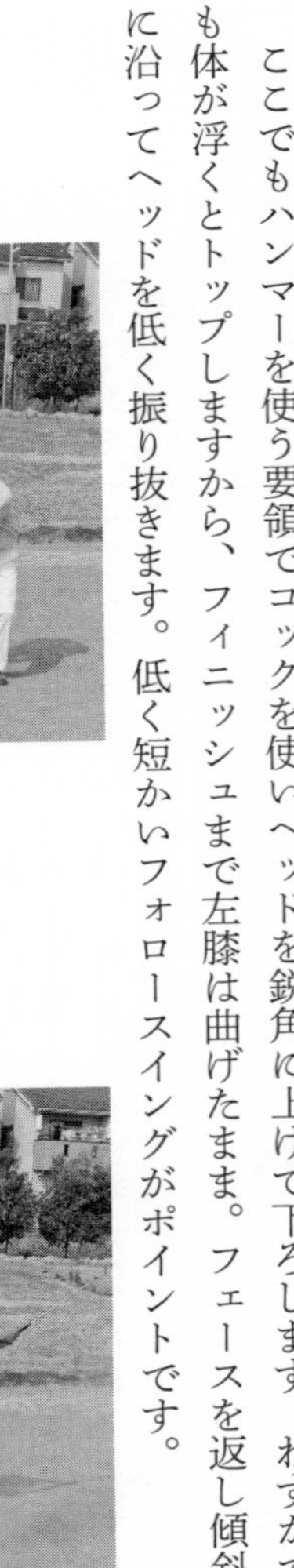

ここでもハンマーを使う要領でコックを使いヘッドを鋭角に上げて下ろします。わずかでも体が浮くとトップしますから、フィニッシュまで左膝は曲げたまま。フェースを返し傾斜に沿ってヘッドを低く振り抜きます。低く短かいフォロースイングがポイントです。

構え方のPoint

Point 1　下半身は傾斜なりで左足体重
Point 2　上体は右肩を下げて左肩を上げる
Point 3　ボールの位置は真ん中から右１～２個分
Point 4　フェースを30～45度開く

打ち方のPoint

Point 1　コックを使い鋭角に上げて下ろす
Point 2　フェースを返し低く短かく止める
Point 3　終始左膝を曲げたまま振り抜く

Case 4 ターゲットが近い

振り幅は変えず
半分のヘッドスピードで打つ

たとえばアゴまで3ヤード、ピンまで10ヤード以内と距離の短いバンカーショットでは、振り幅は大きいままゆっくりスイングします。20ヤード以内のバンカーショットを基準とするならその半分のヘッドスピードが目安。つまり減速するだけで、アドレスはバンカーショットの基本と同じでOKです。

打ち方のPoint

Point 1　普段と同じ大きさまで上げる（ハーフスイング）
Point 2　ダウンスイングからフォロースイングで減速する（インパクトは緩めてもフォロースイングは大きく）

Case 5 ターゲットが遠い

大きな振り幅＋ヘッドの加速

ボールからアゴまで10ヤード以上あったら最低でもそれ以上のキャリーが必要。振り幅を大きくし、トップとフィニッシュが最大のスイングで臨みます。大きく振ってもインパクトが緩むと飛ばないので、インパクト直前からヘッドを加速。ヘッドアップせずダフらせることだけ考えます。構え方はバンカーショットの基本と同じです。

打ち方のPoint

Point 1　普段より大きく上げて大きく振り抜く

Point 2　インパクトでしっかり加速（緩まないようあえて少し加速）

Case 6 硬いバンカー

ヘッドを鋭角に下ろして砂を掘る

硬いバンカーのアドレスも基本と同じ。ボールを1個分右寄りに置き左足体重で構えてもOKです。フェースを開いてバウンスを使いますが地面を掘るイメージが必要。コックを使いテコの原理で鋭角にヘッドを下ろします。フェースを返しつつフォローを小さく止めると深く掘れます。雨上がりなど砂がしまったバンカーでも有効です。

打ち方のPoint

Point 1　普段より強く深く打ち込む（普通の硬さと同じ深さまで掘る）
Point 2　普段よりさらにコックを使い鋭角に打ち込む（深く掘れる）
Point 3　フェースを返して小さく止める（深く掘りやすくなる）

Case 7 柔らかいバンカー

コックの使用を抑えて砂を薄く取る

ポイントは砂を薄く取ることです。それにはコックの使用を抑えてシャロー（緩やかな角度）に振り、インパクトに向かって緩やかにヘッドを下ろしましょう。アドレス時のボール位置は、基本のバンカーショットよりボール1個分程度左寄りでもOK。やや右足体重で振ると砂が薄く取れやすくなります。

打ち方のPoint

Point 1　普段よりコックを使わないで横から払うように打つ（砂が薄く取れる）

Point 2　フェースを返して大きく振り抜く（砂を薄く取りやすい）

謝辞

本書は私のアメリカにおけるツアープロ、レッスンプロとしての14年間、日本帰国後にレッスンプロとして活動してきた10年間の集大成になります。

タイガー・ウッズ、フィル・ミケルソン、ローリー・マキロイ、アニカ・ソレンスタムなど、名だたるレジェンドたちを開眼させてメジャーチャンピオンに導いたストックトン・メソッドを、日本のゴルファーの方々に幅広くお伝えできたことはこの上ない喜びです。

アメリカ西海岸のロサンゼルスから約3時間、車を飛ばして何度も通う私に、アプローチ、バンカー、パッティングのエッセンスを惜しみなく伝授してくれたストックトン親子に心から感謝いたします。

ストックトン親子と出会うきっかけを作ってくれたゴルフ関係者の皆さま、私の欧米式レッスンについてきてくれた欧米式アプローチ研究所の研究員の皆さま、この場をお借りして感謝いたします。

本書の執筆にあたり、企画から提案まで幅広くサポートいただいた医療・健康コミュニケーターの高橋誠さま、日本トップクラスの練習環境を常に提供いただきレッスンや撮影で大変お世話になっている明治ゴルフセンターさま、インターエフエムのラジオ番組「Green Jacket」にて「英語でゴルフ」のきっかけを作ってくれたタケ小山さま、この場をお借りして感謝をお伝えさせていただきます。

本書がゴルフをはじめたばかりの人、ショートゲームで悩んでいる人、さらにグリーン周りに磨きをかけたいすべてのゴルファーのショートゲームバイブル、「アプローチのゴールドスタンダード」になることを願っています。

日本人の器用で繊細な感覚と欧米式テクニックを融合することで、私が心より願う「日本人は世界一アプローチが上手い」と言われる未来の実現のために、本書が少しでもお役に立てれば本望です。

２０２３年夏

タッド尾身

タッド尾身

本名は尾身忠久。株式会社TADGolf代表取締役。欧米式アプローチ研究所、欧米式コーチ養成プログラムを主宰。1975年、東京都生まれ。19歳より14年間アメリカでゴルフ修業を行う。Santa Barbara City Collegeを卒業後、カリフォルニア州でプロゴルフコーチとして活動しながらミニツアーに参戦。

カリフォルニア州のゴルフツアーで4勝。日米通算1万人以上にショートゲームを指導する。日本に帰国後は、ゴルフネットTVにてアプローチ・バンカーに特化した「US仕様のショートゲーム」を担当、ゴルフ雑誌ALBAにて「90を切るアプローチレッスン」を連載する。

講談社+α新書 866-1 C

The（ジ） アプローチ

スコアを20打縮める「残り50ヤード」からの技術

タッド尾身（おみ） ©Tad Omi 2023

2023年7月19日第1刷発行

発行者——鈴木章一
発行所——株式会社 講談社
東京都文京区音羽2-12-21 〒112-8001
電話 編集(03)5395-3522
販売(03)5395-4415
業務(03)5395-3615
デザイン——鈴木成一デザイン室
写真撮影——浜村達也
カバー印刷——共同印刷株式会社
印刷——株式会社新藤慶昌堂
製本——牧製本印刷株式会社

KODANSHA

定価はカバーに表示してあります。

落丁本・乱丁本は購入書店名を明記のうえ、小社業務あてにお送りください。

送料は小社負担にてお取り替えします。

なお、この本の内容についてのお問い合わせは第一事業本部企画部「+α新書」あてにお願いいたします。

Printed in Japan
ISBN978-4-06-532141-6

講談社+α新書

空気を読む脳　中野信子
日本人の「空気」を読む力を脳科学から読み解く。職場や学校での生きづらさが「強み」になる
946円 823-1 C

生贄探し 暴走する脳　中野信子　ヤマザキマリ
「世間の目」が恐ろしいのはなぜか。知っておきたい日本人の脳の特性と多様性のある生き方
968円 823-2 C

ソフトバンク崩壊の恐怖と農中・ゆうちょに迫る金融危機　黒川敦彦
巨大投資会社となったソフトバンク、農家の預金等108兆を運用する農中が抱える爆弾とは
924円 824-1 C

ソフトバンク「巨額赤字の結末」とメガバンク危機　黒川敦彦
コロナ危機でますます膨張する金融資本。崩壊のXデーはいつか。人気YouTuberが読み解く。
924円 824-2 C

次世代半導体素材GaNの挑戦 22世紀の世界を先導する日本の科学技術　天野浩
ノーベル賞から6年——日本発、21世紀最大の産業が出現する!! 産学共同で目指す日本復活
968円 825-1 C

会計が驚くほどわかる魔法の10フレーズ　前田順一郎
この10フレーズを覚えるだけで会計がわかる！「超一流」がこっそり教える最短距離の勉強法
990円 826-1 C

ESG思考 激変資本主義1990―2020、経営者も投資家もここまで変わった　夫馬賢治
世界のマネー3000兆円はなぜ本気で温暖化対策に動き出したのか？ 話題のESG入門
968円 827-1 C

超入門カーボンニュートラル　夫馬賢治
カーボンニュートラルから新たな資本主義が誕生する。第一人者による脱炭素社会の基礎知識
946円 827-2 C

内向型人間が無理せず幸せになる唯一の方法　スーザン・ケイン　古草秀子 訳
成功する人は外向型という常識を覆した全米ミリオンセラー。孤独を愛する人に女神は微笑む
990円 828-1 A

トヨタ チーフエンジニアの仕事　北川尚人
GAFAも手本にするトヨタの製品開発システム。その司令塔の仕事と資質を明らかにする
968円 829-1 C

ダークサイド投資術 元経済ヤクザが明かす「アフター・コロナ」を生き抜く黒いマネーの流儀　猫組長(菅原潮)
恐慌と戦争の暗黒時代にも揺るがない「王道の投資」を、元経済ヤクザが緊急指南！
968円 830-1 C

表示価格はすべて税込価格（税10%）です。価格は変更することがあります

講談社＋α新書

書名	副題	著者	内容	価格	番号
カルト化するマネーの新世界	元経済ヤクザが明かす「黒い経済」のニューノーマル	猫組長(菅原潮)	投資の常識が大崩壊した新型コロナ時代に、元経済ヤクザが放つ「本物の資産形成入門」	968円	830-2 C
シリコンバレーの金儲け		海部美知	「ソフトウェアが世界を食べる」時代の金儲けの法則を、中心地のシリコンバレーから学ぶ	968円	831-1 C
認知症の人が「さっきも言ったでしょ」と言われて怒る理由	5000人を診てわかったほんとうの話	木之下徹	認知症一〇〇〇万人時代。「認知症＝絶望」ではない。「よりよく」生きるための第一歩	968円	832-1 B
成功する人ほどよく寝ている	最強の睡眠に変える食習慣	前野博之	記憶力低下からうつやがんまで、睡眠負債のリスクを毎日の食事で改善する初のメソッド！	990円	833-1 B
食事法の最適解	健康本200冊を読み倒し、自身で人体実験してわかった	国府田淳	これが結論！ ビジネスでパフォーマンスを240％上げる食べ物・飲み物・その摂り方	990円	834-1 B
なぜネギ1本が1万円で売れるのか？		清水寅	ブランド創り、マーケティング、営業の肝、働き方、彼のネギにはビジネスのすべてがある！	968円	835-1 C
藤井聡太論	将棋の未来	谷川浩司	人間はどこまで強くなれるのか？ 天才が将棋界を席巻する若き天才の秘密に迫る	990円	836-1 C
藤井聡太はどこまで強くなるのか	名人への道	谷川浩司	最年少名人記録を持つ十七世名人が、名人位に挑む若き天才と、進化を続ける現代将棋を解説	990円	836-2 C
わが子に「なぜ海の水はしょっぱいの？」と聞かれたら？	尊敬される大人の教養100	「大人」とは何か？研究所 編	地獄に堕ちたら釈放まで何年かかる？ 会議、接待、スピーチ、家庭をアゲる「へえ？」なネタ！	858円	837-1 C
なぜニセコだけが世界リゾートになったのか	「地方創生」「観光立国」の無残な結末	高橋克英	地価上昇率6年連続一位の秘密。新世界「ニセコ金融資本帝国」に苦境から脱するヒントがある。	990円	838-1 C
就活のワナ	あなたの魅力が伝わらない理由	石渡嶺司	インターンシップ、オンライン面接、エントリーシート……。激変する就活を勝ち抜くヒント	1100円	839-1 C

表示価格はすべて税込価格（税10％）です。価格は変更することがあります

講談社+α新書

民族と文明で読み解く大アジア史　宇山卓栄
国際情勢を深層から動かしてきた「民族」と「文明」、その歴史からどんな未来が予測可能か？
1320円 851-1 C

世界の賢人12人が見た ウクライナの未来 プーチンの運命　クーリエ・ジャポン 編
ハラリ、ピケティ、ソロスなど賢人12人が、戦争の行方とその後の世界を多角的に分析する
990円 852-1 C

「正しい戦争」は本当にあるのか　藤原帰一
核兵器の使用までちらつかせる独裁者に世界はどう対処するのか。当代随一の知性が読み解く
990円 853-1 C

絶対悲観主義　楠木建
巷に溢れる、成功の呪縛から自由になる。フツーの人のための、厳しいようで緩い仕事の哲学
990円 854-1 C

人間ってなんだ　鴻上尚史
「人とつきあうのが仕事」の演出家が、現場で格闘しながらずっと考えてきた「人間」のあれこれ
968円 855-1 C

人生ってなんだ　鴻上尚史
たくさんの人生を見て、修羅場を知る演出家が考えた。人生は、割り切れないからおもしろい
968円 855-2 C

世間ってなんだ　鴻上尚史
中途半端に壊れ続ける世間の中で、私たちはどう生きるのか？　ヒントが見つかる39の物語
990円 855-3 C

奇跡の小売り王国「北海道企業」はなぜ強いのか　浜中淳
ニトリ、ツルハ、DCMホーマックなど、北海道企業が各業界のトップに躍進した理由を明かす
1320円 856-1 C

その働き方、あと何年できますか？　木暮太一
ゴールを失った時代に、お金、スキル、自己実現を手にするための働き方の新ルールを提案
968円 857-1 C

脂肪を落としたければ、食べる時間を変えなさい　柴田重信
肥満もメタボも寄せつけない！　時間栄養学が教える3つの実践法が健康も生き方も変える
968円 858-1 B

2002年、「奇跡の名車」フェアレディZはこうして復活した　湯川伸次郎
かつて日産の「V字回復」を牽引した男がフェアレディZの劇的な復活劇をはじめて語る！
990円 859-1 C

表示価格はすべて税込価格（税10%）です。価格は変更することがあります

講談社+α新書

世界で最初に飢えるのは日本 食の安全保障をどう守るか
鈴木宣弘
人口の六割が餓死し、三食イモの時代が迫る。農政、生産者、消費者それぞれにできること
990円 860-1 C

中学生から大人まで楽しめる 算数・数学間違い探し
芳沢光雄
中学数学までの知識で解ける「知的たくらみ」に満ちた全50問！ 数学的思考力と理解力を磨く
990円 861-1 A

高学歴親という病
成田奈緒子
なぜ高学歴な親ほど子育てに失敗するのか？ 山中伸弥教授も絶賛する新しい子育てメソッド
990円 862-1 C

悪党 潜入300日 ドバイ・ガーシー一味
伊藤喜之
「日本を追われた者たち」が生み出した「爆弾告発男」の本当の狙いとその正体を明かす！
1100円 863-1 C

完全シミュレーション 台湾侵攻戦
山下裕貴
来るべき中国の台湾侵攻に向け、日米軍首脳は分析を重ねる。「机上演習」の恐るべき結末は――
990円 864-1 C

ナルコスの戦後史 ドラッグが繋ぐ金と暴力の世界地図
瀬戸晴海
ヤクザ、韓国反社、台湾黒社会、メキシコカルテル、世界の暴力金脈を伝説のマトリが明かす
1100円 865-1 C

The アプローチ スコアを20打縮める「残り50ヤード」からの技術
タッド尾身
タイガー、マキロイ、ミケルソンも体現した欧米式ショートゲームで80台を目指せ！
1100円 866-1 C

「山上徹也」とは何者だったのか
鈴木エイト
安倍晋三と統一教会は彼に何をしたのか、彼の本当の動機とは、事件の深層を解き明かしてゆく
990円 868-1 C

表示価格はすべて税込価格（税10%）です。価格は変更することがあります